Johnny Depp

Éditions Favre SA

Siège social	Bureau de Paris
29, rue de Bourg	12, rue Duguay-Trouin
CH-1002 Lausanne	F-75006 Paris
Tél. : 021/312 17 17	Tél. : 01 42 22 01 90
Fax : 021/320 50 59	Fax : 01 42 22 01 90
lausanne@editionsfavre.com	paris@editionsfavre.com

Dépôt légal en Suisse en avril 2005

Photo couverture: © Dukas

Couverture et mise en pages : MGraphic, J.-P. Piantanida

Mises en pages : Marie-Hélène Marquis

ISBN : 2-8289-0830-5

Jason Romano

Johnny Depp

FAVRE

« En fait, le véritable cadeau, ce n'est pas l'argent, c'est la liberté. »

Johnny Depp

CHAPITRE I

SANG-MÊLÉ

Le Kentucky est probablement l'un des États les moins connus de toute l'Amérique. Cela s'explique en grande partie du fait de sa situation géographique. En effet, il constitue comme une gigantesque frontière entre, d'un côté, l'Est industriel et, de l'autre, le centre des États-Unis, porte ouverte sur la grande aventure. Plus précisément, le Kentucky est un État du Middle West. Autrefois, il n'était qu'un comté de la Virginie mais, dès 1792, il acquit une forme d'indépendance pour devenir le quinzième État de l'Union. N'étant pas à une bizarrerie près, ce vaste territoire de 104 000 kilomètres carrés a pour capitale une ville nommée Frankfort. Mais ses principales cités restent Louisville, la plus grande agglomération, et Lexington, la plus grande ville.

Surnommé « the Bluegrass State », le Kentucky doit son nom à un mot d'indien Cherokee signifiant « le pays des prairies ». Sa devise est « l'unité nous renforce, la division nous affaiblit ». Son histoire est marquée par une colonisation aussi subite qu'intensive. À une époque où cette région était presque entièrement couverte de bois, Daniel Boone poussa les colons à l'investir, ce qui constitua l'une des étapes de la conquête de l'Ouest.

Si certains aiment à se souvenir du Kentucky comme présent dans le titre d'une des premières chansons d'Elvis Presley *(Blue Moon of Kentucky)*, cet État est surtout connu pour avoir été la terre natale d'Abraham Lincoln, mais aussi de Jefferson Harris à Mohammed Ali. Et, bien entendu, de Johnny Depp.

Ce dernier naquit dans une métropole située sur les bords de l'Ohio, fleuve qui marque la frontière avec l'État d'Indiana : Owensboro.

Cette ville, l'une des plus grandes du Kentucky, a été fondée en 1780 par Joseph Blackford et William Smethers. Elle s'étend un peu à l'écart des grands axes routiers. Faussement tranquille, elle est habitée par un hétéroclite mélange de descendants de colons de toutes nationalités et par les enfants, en ligne plus ou moins directe, des Indiens qui, autrefois, peuplaient la région. Cette dualité explique bien des comportements futurs de Johnny Depp et tout particulièrement son attachement à certaines valeurs proches du monde indien, tout en prônant un grand appétit de découverte du monde. On peut dire qu'il grandit non loin de la culture indienne. Une culture très forte, emplie de symboles, qui marque les esprits de ceux qui la vivent ou, au moins, s'y intéressent.

Les principales tribus qui, dans un passé pas si lointain, vivaient en toute tranquillité dans ce qui n'était pas encore le Kentucky appartenaient aux familles des Shawnee, des Yuchi et des Cherokees. La région fut, d'ailleurs, le cadre de plusieurs batailles historiques opposant les soldats américains aux Indiens. L'une des plus illustres est, sans nul doute, celle de Blue Licks, à l'est du Kentucky, qui eut lieu en 1782 et fut marquée par une cuisante défaite des Tuniques Bleues qui y perdirent soixante-sept de leurs hommes. Six ans plus tard, au même endroit, Daniel Boone et vingt-six colons furent capturés par les Indiens Shawnee.

Moins de deux siècles après, ces batailles et leurs conséquences continuaient de planer au-dessus de l'ensemble du Kentucky. Et même si la hache de guerre avait été enterrée depuis longtemps, certains Indiens de cet État – qui ne représentent plus que 0,2 % de la population – ne cessent de répéter qu'ils refusent de se considérer comme citoyens américains.

Bien peu de gens pensaient à tout cela lorsque, le 9 juin 1963, ils apprirent la naissance de John Christopher Depp II, beau bébé de deux kilos et demi. Pourtant, dans ses veines coule du sang cherokee.

« Mon arrière-grand-mère était Cherokee, raconta Johnny acteur. Elle a probablement été violée pendant les massacres de l'époque de la Piste des Larmes. En 1838, le gouvernement américain a déraciné treize mille Cherokees et les a expulsés de leurs terres du Mississippi pour les reloger en Oklahoma. C'était un voyage de mille cinq cents kilomètres à pied. La plupart sont morts d'épuisement, de maladie et de famine. Les autres ont été battus, rejetés. Je suis l'enfant de cette honte. »

Cette ascendance explique pourquoi, par la suite, cet enfant devenu adolescent puis adulte ne cessa de prendre la défense des Indiens, les aidant notamment à imposer leurs droits et à combattre les injustices.

« J'ai plutôt tendance à m'intéresser aux oubliés, aux gens en marge, aux laissés-pour-compte, poursuivit-il. La vie des gens riches et célèbres ne m'intéresse pas. »

Mais Johnny est ce que l'on dénomme dans les westerns un « sang-mêlé » puisque dans ses veines coule également du sang allemand et du sang irlandais !

Toutefois, en cette fin de printemps 1963, John était loin de penser à tout cela. Fils de John C. Depp Sr, un ingénieur, et de Betty Sue Palmer, serveuse dans un coffee shop, il était le benjamin d'une famille de quatre enfants. Il comptait pour frère Danny (futur scénariste) et pour sœurs Debbie (future astrologue) et Christi, toutes deux nées d'un premier mariage de Betty Sue.

La famille Depp ressemblait à bien des familles de classe moyenne américaine. Elle ne roulait pas sur l'or, beaucoup s'en fallait, mais ne connaissait pas de graves crises financières. Finalement, la principale différence d'avec d'autres familles du même style venait de la personnalité de Betty Sue. C'était une femme de caractère, comme on dit, et, plus tard, Johnny s'amusa à la décrire comme marchant avec une démarche de marin, fumant cigarette sur cigarette et jouant aux cartes. Elle savait ce qu'elle voulait et trimait dur pour donner le meilleur à ses proches.

Jusqu'à l'âge de sept ans, Johnny grandit à Owensboro. Bien qu'il s'entendît parfaitement avec l'ensemble de sa famille, il fut très tôt considéré comme un enfant difficile en raison de son caractère affirmé, probablement hérité de sa mère, et d'une indéniable volonté d'indépendance.

Johnny était très à l'écoute du monde. Outre la cause indienne pour laquelle il ne cessa de se passionner année après année, il fut secoué par les bouleversements que provoqua la guerre du Vietnam. Cette guerre, qui avait pour théâtre une région que bien peu d'Américains pouvaient situer avec précision, divisa le pays et déchira bien des familles. Johnny fut bien trop jeune pour prendre fait et cause pour ou contre cette guerre, mais elle marqua indubitablement une partie de son enfance.

* * *

« Quand j'avais cinq ans, expliqua-t-il, je regardais la guerre du Vietnam à la télé, je voyais les gosses qui couraient dans les rues, les ravages de la guerre… Cette guerre a tout bouleversé, les mentalités, l'époque tout entière. »

En 1970, ses parents décidèrent de quitter le Middle West pour s'installer sous le soleil de la côte Est. John Sr s'étant vu offrir un poste de directeur des travaux publics. Ce départ coïncida avec la mort du grand-père Cherokee de Johnny. Ce dernier ressentit un profond vide en lui.

On peut difficilement imaginer États plus dissemblables que le Kentucky et la Floride. D'un côté se trouve un État plutôt paisible, symbole d'une certaine Amérique traditionnelle, de l'autre un État sans cesse en mouvement, symbole d'une Amérique soumise à toutes les tentations. Refuge des riches retraités et paradis des millionnaires, la Floride est aussi la plaque tournante de nombreux trafics ainsi que d'une immigration galopante en provenance de Cuba. Ce n'est pas un hasard si Oliver Stone, quand il décida de filmer le remake de *Scarface*, décida de planter ses caméras dans cet État et de faire de la drogue l'un des éléments clés de son sujet. Et Johnny Depp, qui entrait dans l'adolescence, allait se trouver exposé à toutes ces tentations...

« Je venais du Kentucky, précisa-t-il, où tout le monde portait un costume avec des cravates strictes bien serrées et des cheveux très courts. Quand on s'est installé en Floride, ça m'a fait bizarre : les gens avaient des cheveux longs, les filles étaient en bikini ou seins nus. Je me disais : « Wow, comme c'est étrange ! » J'étais déboussolé, c'était un autre monde. »

Dans un premier temps, ce déménagement fut surtout pour lui l'occasion de quitter la routine de son Kentucky natal pour affronter le rythme trépidant de la Floride. Il laissait derrière lui la cause indienne à laquelle il était attaché, mais ne l'abandonna jamais. En contrepartie, il trouva sur cette côte Est un oncle qui exerçait la fonction de prédicateur.

Aux États-Unis, les prédicateurs sont des gens qui prêchent la bonne parole ou, plus précisément, ce qu'ils estiment constituer la bonne parole. Certains sont sincères, d'autres désintéressés, mais dans le lot viennent parfois se glisser des escrocs de haute volée qui ont défrayé la chronique. Le but premier est de réunir le plus grand nombre possible de « fidèles », c'est-à-dire, dans le meilleur des cas de spectateurs, et dans le pire de pigeons à plumer. Pour ce faire, il faut une conviction inébranlable et un implacable talent d'orateur. Or l'oncle de Johnny possédait les deux. Un micro à la main, épaulé par son propre groupe de chanteurs gospel, il fascinait les foules. Et il fascina son neveu. Toutefois, si Johnny se mit à le suivre, ce ne fut pas tant parce qu'il tombait sous le charme de ses propos mais parce qu'il observait leur impact sur le public. Parfois les « shows » du prédicateur réunissaient plusieurs centaines de personnes et Johnny les sentit prêtes à faire tout et n'importe quoi pour cet homme qui les subjuguait. De là naquit une grande méfiance des mouvements de masse. Au lieu d'adhérer à ces foules enthousiastes, Johnny s'en éloigna, considérant qu'elles pouvaient devenir dangereuses. Cela s'amplifia au point de devenir une forme d'agoraphobie dont il eut beaucoup de mal à se débarrasser.

La famille Depp s'installa à Miramar, une petite ville située entre Fort Lauderdale et Miami. Elle occupa une petite maison au 68th Avenue and Court, au coin d'une avenue très fréquentée. La bâtisse comptant trois chambres qui furent réparties de manière équitable entre les parents, les deux sœurs et les deux frères. Johnny partagea, donc, la sienne avec son frère de dix ans plus âgé que lui qui passait son temps à écouter Bob Dylan et Van Morrison. Le troisième occupant de la chambre était un caniche nommé Pepsi.

Bien que Johnny se remémorera surtout les luttes incessantes entre son frère et ses sœurs, il gardera de cette période le souvenir d'une certaine douceur de vivre avec l'odeur de cuisine qui flottait constamment dans la maisonnée, sa mère passant le plus clair de son temps libre aux fourneaux. Mais cette femme, qui exerçait le métier de serveuse, avait aussi une marotte : les déménagements. Elle y avait pris goût en quittant le Kentucky et, durant plusieurs années, elle ne cessa de passer d'une maison à une autre, entraînant sa famille derrière elle. Johnny rapportera qu'à l'âge de quinze ans, il avait déjà vécu dans une vingtaine de maisons différentes. Parfois, le déménagement était si subit que toutes les affaires restaient dans l'ancienne maison ! Ainsi qu'il le précisera avec pertinence, il eut la désagréable impression, une grande partie de son enfance, d'être « en transit ». D'autres fois, il parlera d'une enfance digne de gitans, en perpétuel mouvement.

En fait, comme il l'expliqua plus tard, sa famille commençait à se disloquer. Depuis plusieurs années, ses parents ne s'entendaient plus. Ils finirent par se séparer, même s'ils attendirent que Johnny ait quinze ans pour divorcer officiellement. Le père partit à des milliers de kilomètres pour finir chef de travaux à la mairie d'Hallendale. Dans le même temps, son frère quitta le foyer de même que ses sœurs, l'une pour se marier, l'autre pour rejoindre son père. Bien qu'il conservât des liens d'affection très solides avec tous les membres de sa famille, Johnny se retrouva subitement un peu seul. Seul face à sa mère qui déprimait. Seul face aux innombrables tentations que lui offraient la Floride – y compris la drogue qui se trouvait, pratiquement, à portée de main. Seul à affronter la valse des déménagements. Aux maisons succédèrent bien souvent les motels.

* * *

Fort heureusement, la plupart de ces logements se situaient dans le même périmètre et permirent à l'adolescent qu'était Johnny de poursuivre ses études dans le même établissement : la Miramar High School, une école réunissant plus de deux mille cinq cents étudiants. Là-bas, Johnny était connu comme « l'étudiant aux longs cheveux qui joue de la guitare ». En effet, n'affichant pas un intérêt soutenu pour les matières scolaires traditionnelles, Johnny passait son temps à gratter des cordes. Il ne s'en séparait pour ainsi dire jamais. La musique, c'était sa vie, son univers, et il commençait déjà à rêver qu'elle serait aussi son avenir. Sa première guitare, sa mère la lui avait offerte à douze ans. Et seul, sans l'aide d'aucun professeur, il avait commencé à en jouer ; maladroitement au début, puis se concentrant sans cesse pour s'améliorer.

La musique le faisait vibrer. Il vivait pour la musique et espérait que la musique le ferait vivre. Son style préféré était le blues, sorte d'étape entre le jazz traditionnel et ce qui devint le rock and roll.

Cette découverte de la musique mit un terme à sa quête incessante d'un métier. Depuis son enfance, il en avait imaginé plus d'un, passant de celui de cascadeur à celui de G.I., de peintre à la Van Gogh à basketteur chez les Harlem Globe-trotters ! Bref, il n'avait aucune idée fixe. Seulement des envies au gré de ses découvertes.

D'où lui venait cette passion pour la guitare ? De son oncle, le prédicateur. En effet, à force de le suivre dans ses « shows », Johnny s'était passionné pour le groupe de gospel qui l'accompagnait. Et dans ce groupe, il y avait un musicien qui jouait de la guitare électrique avec une énergie débordante. Johnny ne cessa de l'observer et, à son tour, voulut l'imiter.

Johnny s'affirmait comme un marginal. Il avait commencé à fumer dès l'âge de douze ans, et s'essayait désormais à d'autres substances. Il avait connu sa première expérience sexuelle à treize ans et ne comptait pas s'arrêter en si bon chemin. Ne cherchant jamais à devenir l'élève le plus populaire de la Miramar High School, il était plus attiré par les êtres un peu hors norme, ceux qui n'avaient pas des physiques de surfeurs et des sourires de vainqueurs. Il était plutôt l'ami des animaux blessés que des grands fauves.

CHAPITRE 2

APPRENTISSAGES

Depuis le divorce de ses parents, Johnny se consacrait presque exclusivement à la musique. Elle était devenue la bulle dans laquelle il se sentait protégé, le monde qu'il pouvait contrôler et dont il possédait les clefs. Après avoir passé deux ans à perfectionner sa connaissance de la guitare, il estima qu'il pouvait franchir un cap supplémentaire. Et quel cap : fonder son propre groupe. Avec quelques amis, il décida de former The Flames (Les Flammes) dont la caractéristique première fut d'arborer des T-shirts sur lesquels étaient dessinées de gigantesques flammes ! Le groupe eut l'occasion de se produire sur diverses scènes où étaient invitées des formations d'amateurs.

Au milieu de ces flammes, il s'amusait, il se sentait bien, loin des douleurs que lui causait la dislocation de sa famille, loin des tourments de l'école. Il finit, d'ailleurs, par abandonner celle-ci. Après avoir été mis à l'index plus d'une fois, après avoir battu, presque, les records d'absentéisme, après avoir subi les menaces de bien des professeurs, qui lui promettaient un avenir derrière les barreaux, il préféra claquer la porte. C'était la première fois, ce n'allait pas être la dernière. Adieu cours, leçons et devoirs. Il n'avait pas besoin d'eux pour se forger sa propre éducation ni sa propre philosophie. L'histoire de l'Amérique et du monde, il la découvrit lui-même, à travers les livres qu'il ingurgita avec délice. Les grands auteurs, il alla les chercher selon ses impulsions. De Rimbaud à Kerouac, tous les grands « rebelles » de la littérature défilèrent dans sa bibliothèque et occupèrent une place à part dans son cœur. Autodidacte absolu, il se forgea sa propre culture, tant dans le domaine de la musique que dans celui de la littérature, de la peinture, du cinéma. Son musée personnel, et imaginaire, s'enrichit de mille et un noms, d'autant de références et d'encore plus de coups de cœur.

Mais, dans l'immédiat, il lui fallait affronter la réalité quotidienne. Que faire quand on a quitté l'école ? Bien sûr, la première chose dont on a envie de profiter, c'est sa liberté. Plus de contraintes, plus de comptes à rendre. Et la liberté dans une Floride ouverte à tous les vents, c'est quelque chose de grandiose. Johnny en profita à mille pour cent, jusqu'aux excès, jusqu'aux abus parfois. L'alcool fut, trop souvent, le compagnon de ses soirées et quelques substances illicites l'aidèrent à traverser les profondeurs de la nuit. Sal Jenco, ami de la première heure, l'accompagna dans bien des virées et les deux jeunes hommes dormirent plus souvent dans la voiture du premier que dans leurs chambres respectives.

Johnny Depp n'était encore qu'un adolescent mais se sentait déjà un homme. Ce fut l'un des paradoxes de sa vie : l'enfant qui grandit trop vite et qui finit par laisser la place à l'adulte à la recherche de son âme d'enfant. Car la plupart des films qu'il fit par la suite sont rattachés à cette notion de l'enfance. Une enfance qu'il avait pourtant fuie à tire-d'aile, sans finalement jamais s'en éloigner vraiment.

Dans cette adolescence en perpétuelle mutation soumise à de perpétuelles tentations, Johnny Depp trouvait une alliée, toujours la même : la musique. Du blues de ses débuts, il passa à un son nettement plus rock. Aux Flames, qui, au bout du compte, ne connurent qu'une très éphémère notoriété, succédèrent d'autres groupes pour lesquels Johnny composa diverses chansons, dont *Mary*, écrite en hommage à son premier amour.

Acquérant une indéniable notoriété au sein de l'univers musical de la Floride, Johnny finit par être invité à se produire dans des manifestations de plus en plus importantes. Il eut même l'occasion de jouer aux côtés d'Iggy Pop, dont la carrière démarrait en flèche. Leur rencontre ne fut pas des plus réjouissantes car les deux hommes, pour le moins éméchés, se traitèrent de tous les noms et se lancèrent des bordées d'injures. Quelques années plus tard, ils devaient se retrouver, et sympathiser, grâce à John Waters…

À dix-neuf ans, Depp intégra un groupe rock qui jouait dans les bars de Miami : The Kids, dont l'un des membres était Bruce Witkin.

« Il était parfait, se souvint ce dernier. Il jouait avec son cœur. La technique n'a jamais été son truc, il jouait d'instinct. En Floride, nous étions de gros poissons. Nous étions jeunes, nous gagnions du pognon et nous faisions salle comble. »

Effectivement, ces Kids furent de plus en plus connus et, grimpant très rapidement les échelons, eurent droit de se produire en première partie de groupes comme Talking Heads, B-52, les Pretenders, etc.

Johnny avait trouvé sa voie : la musique le comblait dans tous les sens du terme. Alors qu'on lui avait prédit un avenir marqué par la délinquance et la prison, il était en passe de devenir une rock star, avec tout ce que cela implique. Du moins c'est ce qu'il pouvait se dire, car entre jouer dans des premières parties de concert et devenir une rock star, il y a un gouffre.

Mais tout semblait réussir au jeune Depp. Tout, y compris l'amour. Il avait fait la connaissance de Lori Anne Allison, de cinq ans son aînée, une fan des Kids. Elle aussi aimait la musique et, après avoir envisagé une carrière de chanteuse, préféra exercer le métier de maquilleuse. En fait, Lori connut Johnny grâce à sa sœur Suzanne qui sortait avec Bruce Witkin.

Sur un coup de tête, Johnny et Lori se marièrent le 20 décembre 1983. Ils étaient jeunes, insouciants, mais l'un des désirs profonds du jeune homme était de fonder une vraie famille comme pour reconstituer le noyau familial qui avait explosé alors qu'il n'avait que quinze ans.

Le jeune couple dut prendre une décision : la Floride ou la Californie ?

Car les membres de The Kids avaient de l'ambition. Un peu démesurée sans doute. Bruce Witkin voulait du changement, ainsi qu'il s'en expliqua par la suite :

« J'ai dit « Ça bouge pas ici : il faut aller à Los Angeles ou à New York. » Mais à New York il faisait trop froid ! »

Ce fut donc Los Angeles. La prochaine étape vers une grande carrière. The Kids débarquaient dans la cité des anges : attention à vous !

Ledit débarquement se fit sans tambour ni trompette. Chacun dut trouver un logement, ce qui ne fut pas chose facile. Ce petit détail réglé, le groupe partit à l'assaut de la Californie avec, bien entendu, Depp comme guitariste. La déception fut aussi rapide qu'immense : les groupes de rockers pullulaient sous le soleil californien. Pourquoi engager celui-là, totalement inconnu dans le secteur, plutôt qu'un autre ? se demandèrent les organisateurs et les propriétaires de salles. De plus, ce qui marchait à Miami ne marchait pas forcément à Los Angeles. Bref, les engagements se firent rares. Les amis musiciens optèrent pour changer de nom et The Kids – nom un peu ridicule pour de jeunes hommes – muèrent en Six Gun Method. Inutile : cela ne leur apporta aucun engagement supplémentaire. Et le groupe finit par se séparer. Chacun s'en alla de son côté. Bruce Witkin persévéra dans la musique, créant de nouveaux groupes, passant à la production et créant son propre label.

Adieu The Kids. Adieu les rêves de devenir des rock stars, la réalité avait été plus forte qu'eux.

Pour gagner de l'argent, Johnny se lança dans une série de petits boulots parmi lesquels la vente de stylos par téléphone, qui ne lui réussit pas trop mal mais qu'il finit par détester. Un beau jour, n'en pouvant plus, il lança à un client qu'il avait réussi à convaincre : « Laissez tomber ! Vous n'avez sûrement pas besoin de ce stylo. Dépensez votre argent à quelque chose de plus utile ! » Il se leva et claqua la porte de la firme qui l'employait. Une de plus. Mais toujours pas la dernière.

Le peu d'argent qu'il gagnait, Johnny le dépensait dans des bars. Là se retrouvait la jeunesse locale qui essayait de chasser ses désillusions dans des soirées bien arrosées.

À ce moment, son épouse, Lori Anne, lui fit faire la connaissance d'un solide gaillard marqué par la ferme volonté de devenir acteur. Il se prénommait Nicolas et affirmait être le neveu de Francis Ford Coppola. Mais, ayant toujours refusé de se servir de la notoriété de son parent, ce jeune rebelle voulait faire carrière sous le nom de Nicolas Cage. Pourtant, il ne put nier que son oncle lui avait donné un sacré coup de main en lui confiant de petits rôles dans deux de ses films, *Outsiders* et *Cotton Club*. Johnny et Nicolas, qui ont le même âge à quelques mois près, sympathisèrent au point que Cage réussit à convaincre son nouvel ami de se lancer dans le cinéma. Cela pouvait rapporter pas mal de dollars pour un temps de travail relativement minime. Cage présenta même Depp à son propre agent, chargeant celui-ci de lui trouver rapidement du boulot.

Car Johnny commençait à manquer cruellement d'argent. Ce fut la seule raison pour laquelle il accepta d'aller passer une audition devant le réalisateur Wes Craven qui s'apprêtait à tourner un film d'horreur, un de plus. Il s'intitulait *Les Griffes de la Nuit (A Nightmare on Elm Street)* et mettait en scène des adolescents. Le personnage que Craven avait en tête ne ressemblait en rien à Johnny Depp, mais il estima que ce jeune homme avait « quelque chose de James Dean », ce qui le décida à l'engager. Dans les années qui suivirent, Johnny eut beaucoup de mal à combattre cette image de « nouveau James Dean » qui lui collait à la peau.

Et le voici dans le court rôle du petit ami de l'héroïne qui se fait massacrer dans sa chambre : il se fait avaler par un lit !

Comment devenir acteur quand on n'a jamais joué la comédie ?

« J'ai suivi mon instinct, répond Johnny Depp, je me suis débrouillé. »

Et quand on lui demande ce qui lui reste de ces débuts, il répond :

« L'impression qu'il faut toujours se fier à son instinct. Il ne faut pas choisir les films pour atteindre un plus grand degré de célébrité, ou un meilleur cachet, ou je ne sais quoi. Il faut y aller par envie, c'est tout. »

Encore faut-il réussir à imposer ses envies…

Les Griffes de la Nuit eut beaucoup de succès et engendra pas mal de suites.

Son agent ne se démenant pas trop mal et Johnny bénéficiant d'un physique avantageux, il eut droit à d'autres propositions pour paraître devant les caméras.

« Dans ma tête, avoua-t-il plus tard, je faisais l'acteur juste pour pouvoir payer le loyer, manger et m'acheter des cigarettes. Les deux premières années, je l'ai fait pour ça. Mon plan, c'était de refaire de la musique, de revenir à mes premières amours. Et puis, de fil en aiguille, j'ai fini par faire ça à plein temps. »

Preuve qu'il continuait à privilégier la musique : Johnny collabora un temps avec les Rock City Angels qui, eux, firent effectivement carrière ! Il dut les abandonner quand la pression du métier d'acteur se fit trop importante.

Du cinéma, il passa rapidement à la télévision en apparaissant dans un épisode de la série policière *Lady Blue*, dont le rôle titre – celui d'une femme policière à Chicago – était tenu par Jamie Rose. Une série peu originale qui ne convainquit pas le public.

Puis, déjà, Johnny Depp se vit offrir l'un des rôles principaux d'un film. Mais cette offre, il ne la devait qu'à son physique avantageux, et le film était loin d'être une superproduction. Il s'agissait de *Private Resort*, une comédie racontant les exploits sexuels de deux amis adolescents – joués par Johnny Depp et Rob Morrow – dans une station balnéaire. En réalité, derrière un humour dont la légèreté n'était pas la caractéristique première, cette production n'avait pour autre but que d'aligner les scènes dénudées. Il y en eut tellement que le film fut qualifié d'obscène par un large pan de la critique américaine et qu'il sortit, dans ce pays, sous le label « R », l'équivalent à « interdit aux moins de seize ans ». Une niaiserie qui permit à Johnny de tourner ses premières scènes d'amour, ce qu'il ne trouva pas trop désagréable…

« J'en ai tiré deux trucs, rapporta Depp : un chèque qui m'a permis de survivre à un moment où je ne m'imaginais pas une seconde devenir acteur, et un voyage gratuit dans le sud de la Floride, où ma famille habitait. Rob Morrow et moi, nous n'avons pas eu le droit d'assister à la projection-test. Alors, on s'est déguisé – lunettes et chapeaux – pour aller voir le film. On s'est un peu saoulé aussi, avant… Et pendant la projection, on hurlait de rire tellement c'était nul. Mais Rob, qui avait déjà beaucoup travaillé au théâtre et dont c'était le premier film, avait beaucoup plus honte que moi. Moi, je me disais que j'allais retourner à ma guitare… »

Mais, en attendant que la musique s'avère payante, mieux valait compter sur le cinéma, même de série B.

* * *

Y eut-il une relation de cause à effet entre les scènes d'amour de *Private Resort* et la vie privée de Johnny ? Toujours est-il qu'en cette même année 1985, Johnny divorça de Lori Allison. Quelques mois plus tard, il s'afficha au bras de la pulpeuse, pour ne pas dire volcanique, Sherilyn Fenn. Elle débutait dans le métier d'actrice et avait acquis une certaine réputation en ne se montrant pas avare de ses charmes sur l'écran. Elle tourna, d'ailleurs, des scènes d'amour particulièrement torrides.

Ils s'étaient connus à l'occasion du tournage de *Dummies*, un film estudiantin d'une dizaine de minutes tourné sous l'égide de l'American Film Institute et de son programme éducatif. Au dire des personnes présentes sur le plateau, ce fut un véritable coup de foudre entre les deux acteurs.

La liaison entre Depp et Fenn dura trois ans, période durant laquelle Sherilyn joua notamment dans le très érotique *À fleur de peau (Two Moon Junction)*. Plus tard, l'actrice connut un net regain de popularité grâce à la série télévisée *Twin Peaks* dans laquelle elle incarna la sublime Audrey Horne.

Et Johnny continua d'engranger des dollars grâce au cinéma et à la télévision. En 1986, il joua dans *Mort en eaux troubles* (*Slow Burn)*, un téléfilm dramatique, teinté d'action, qui lui permit de donner la réplique à Eric Roberts, alors plus célèbre que sa sœur Julia. Le fait d'être confronté à cet exigeant comédien poussa Johnny à se surpasser et à commencer à se voir en tant qu'acteur.

Puis, il passa un casting pour le nouveau film d'Oliver Stone. Et il ne fut pas le seul : des centaines de jeunes acteurs participèrent à ce casting. Stone voulait former presque une armée entière, en tout cas un bataillon de choc pour son *Platoon*. Et Johnny décrocha le rôle du soldat Lerner. Furent également engagés Kevin Dillon, frère de Matt, et Francesco Quinn, fils d'Anthony, alors que les principaux rôles étaient tenus par Charlie Sheen, Tom Berenger et Willem Dafoe.

Tous les acteurs durent subir un entraînement intensif de deux semaines dans la jungle des Philippines sous le commandement du capitaine Dale Dye, un ancien du Vietnam. Pour Johnny Depp – qui sortait pour la première fois de son pays natal –, ce fut une découverte. Lui qui avait passé le plus clair de son temps à suivre ses envies découvrit à la fois une stricte discipline et un esprit de corps. Dye formait ses recrues à creuser elles-mêmes leur propre abri, à ne dormir que trois heures par nuit sous la tente, à manger des rations froides et à courir dans la jungle. Il leur apprit le maniement des armes et les procédures radio, les premiers secours et les décisions à prendre en cas de danger… Une expérience qui ne se déroula pas sans heurts et il y eut plusieurs bagarres suite à des nerfs trop tendus. Mais Dye et Stone obtinrent ce qu'ils voulaient : des comédiens aussi soudés entre eux qu'un authentique bataillon de Marines.

« J'ai exigé de tous les acteurs qu'ils soient présents deux semaines avant le tournage et disponibles corps et âme pour subir cet entraînement en pleine jungle, résuma Oliver Stone. S'ils n'acceptaient pas ces conditions préalables, il était hors de question qu'ils participent au film. Pour parvenir au but que je m'étais fixé, il fallait qu'ils ressentent dans leur chair ce qu'être soldat signifie. Je voulais qu'ils éprouvent ce sentiment de colère dû à l'insuffisance de sommeil, à la saleté, aux mauvaises odeurs, au fait qu'on sent sa sueur en permanence. C'est ce qui manquait la plupart du temps dans tous les films de guerre que j'avais vus. Ou alors ça faisait toc. »

Commença alors le tournage proprement dit, qui ne fut pas non plus une partie de plaisir. Douze heures par jour, six jours par semaine, l'équipe de *Platoon* travailla dans l'humidité de la jungle, affrontant toutes sortes de périls. L'un d'eux apparut sous la forme d'un virus particulièrement foudroyant qui toucha tout le monde : poussée de fièvre tellement violente qu'elle empêchait le malade de tenir debout. L'épidémie fut telle qu'Oliver Stone se retrouva avec la moitié de ses effectifs cloués au lit.

En dépit de tous ces ennuis, après cinquante-cinq jours passés dans la jungle, le cinéaste vint à bout de ce film qui reposait sur sa propre expérience du Vietnam. *Platoon* connut un succès mondial et fut récompensé par plusieurs Oscars.

Pour Johnny Depp, cette expérience lui permit de faire plusieurs découvertes :

Le métier d'acteur ne consistait pas forcément à exhiber une plastique musclée et une « jolie petite gueule » devant les caméras. Certains rôles réclamaient des efforts, pas seulement sur le plan physique mais aussi sur le plan psychologique, car fouiller dans les tourments d'un soldat du Vietnam a de quoi secouer.

Certains cinéastes étaient dotés de vraies personnalités et voulaient dire quelque chose à travers leurs films. Construisant une « œuvre », ils ne cherchaient pas à gagner de l'argent à tout prix ni à fabriquer des « pompes à fric ». Ils possédaient un univers qui leur était propre et qu'ils souhaitaient faire partager à la fois à leurs acteurs et à l'ensemble du public.

Le monde ne se limitait pas qu'aux États-Unis. Johnny, qui n'avait vécu que dans des cités trop typiquement américaines, côtoyant une faune bigarrée, s'était retrouvé dans un pays profondément bouleversé par de graves troubles politiques avec une population souffrant d'une pauvreté accrue. Or, Depp s'est toujours senti proche des démunis.

Tout cela le changea, changea sa vision, conforta sa philosophie. Au moment où il se posait tant de questions, réfléchissait à la manière la plus intelligente et la plus en accord avec son âme de gérer son avenir, d'autres s'occupaient de sa carrière à sa place…

CHAPITRE 3

LA RUE DE LA GLOIRE

Pendant que Johnny Depp se démenait aux Philippines, les choses bougeaient à Hollywood. Comme toujours. S'il est bien une cité où il se passe constamment quelque chose, c'est celle-là. Les projets succèdent aux projets mais certains s'annoncent, d'emblée, plus importants que d'autres.

Et dans les années 80, quand un projet était initié par Stephen J. Cannell, c'était forcément un projet d'importance.

Cannell était alors ce que l'on peut appeler un producteur heureux. Après avoir commencé sa carrière comme scénariste, il n'avait jamais cessé de fourmiller d'idées de toute sorte qui, bien souvent, se transformaient en séries télévisées à succès. Ses débuts de producteur pour le petit écran, ce grand barbu à la fine silhouette les effectua dès 1974 avec une série policière ayant pour vedette James Garner: *200 dollars plus les frais* (*The Rockford Files*). Dès le départ, son flair s'avéra excellent puisque cette série mettant en scène un détective privé pas comme les autres connut un fort engouement qui justifia la réalisation de cent vingt épisodes répartis sur six années de tournage.

Dès lors, Cannell se trouvait propulsé et rien ne put l'arrêter. Il avait en tête des dizaines d'idées de personnages et de situations. Tandis que *200 dollars plus les frais* terminait sa belle carrière, il inventa un autre détective privé, pour le moins maladroit, secondé par un sympathique escroc sans scrupule. Cela donna *Timide et sans complexe (Tenspeed and Brown Shoe)* diffusé aux États-Unis en 1980. Pourtant, cette série pleine d'humour eut du mal à convaincre le public américain et ne dépassa pas une saison de treize épisodes.

Stephen J. Cannell était-il déjà à bout de souffle ?

Pas du tout.

Il avait dans ses cartons plein d'autres idées. Après quelques années de réflexion, il lança presque simultanément deux séries qui allaient convaincre les téléspectateurs: *Agence tous risques (The A. team)* et *Le juge et le pilote (Hardcastle and McCormick).* À la tête de chacune de ces séries, un vétéran du cinéma et de la télévision : d'un côté George Peppard, de l'autre Brian Keith.

Sentant qu'il avait le vent en poupe et que le public appréciait ses produits, Cannell mit les bouchées doubles tout en se spécialisant dans les séries policières. En 1984, ce fut Riptide avec un trio de détectives mêlant l'humour à l'efficacité. La même année, il sortit une de ses cartes maîtresses avec *Rick Hunter*, directement inspiré des aventures cinématographiques de Clint Eastwood. En 1986, il lança *Un flic dans la mafia (Wiseguy)*, généralement considéré comme l'une des meilleures séries des années 80.

Or, en cette même année 1986, Stephen J. Cannell caressait une autre idée. Toujours à l'affût de l'actualité des faits divers et conservant des attaches solides dans le microcosme de la police, il apprit qu'un groupe de policiers de Los Angeles s'était infiltré dans une université américaine en se faisant passer pour des étudiants. Cela permit de démanteler un réseau de trafic de drogue. Cette idée audacieuse plut énormément au producteur : des flics suffisamment jeunes pour analyser et comprendre les problèmes vécus par les adolescents. Dès lors, le champ d'investigation de Cannell paraissait immense puisqu'il pouvait évoquer la drogue, la prostitution, le sida, l'homosexualité, le viol, le suicide, les enfants battus et une foule d'autres sujets touchant la jeunesse de l'Amérique et, par extension, celle du monde entier. Dans cette optique, Cannell décida qu'à la fin de chaque épisode de sa future série serait indiqué le numéro de téléphone d'un organisme en rapport direct avec le sujet traité.

Puis, afin de réunir tous ces éléments dans un même endroit, Cannell choisit comme cadre de son action la ville de Los Angeles. Normal : c'est le lieu de prédilection de la majorité des séries américaines, ce pour des raisons de commodité.

À y regarder de plus près, l'idée de glisser incognito des éléments de la police parmi la jeunesse n'était pas révolutionnaire. Elle avait déjà servi pour bien des histoires policières, y compris des séries télévisées. L'une des plus célèbres fut *La Nouvelle Équipe (The Mod Squad),* elle aussi basée sur une authentique expérience de la police de Los Angeles, qui, dans les années 60, présentait trois jeunes officiers de police, issus de couches sociales fondamentalement différentes, infiltrant le milieu de la jeune délinquance américaine, en particulier les étudiants.

Stephen J. Cannell ne pouvait pas ne pas connaître *La Nouvelle Équipe,* tant cette série avait obtenu un énorme succès durant les cinq années de son exploitation sur les téléviseurs américains. Mais cela ne l'empêcha pas de développer son projet à sa manière, en l'ancrant fortement dans les années 80. Il fallait que le ton de la série soit «jeune», c'est-à-dire que la musique, le comportement des héros, le langage, les situations devaient toucher directement le cœur des ados. Au niveau de la musique, par exemple, reprenant une idée développée dans *Deux flics à Miami (Miami Vice)*, Cannell décida de faire appel pour chaque épisode à des chansons tirées d'albums se situant en tête des hit-parades.

Une fois ces bases établies, il commença à rédiger les scénarios et surtout à développer les caractères des personnages principaux : quatre jeunes officiers de police et leur chef, plus âgé.

Cela donna *21 Jump Street*. Ce titre était l'adresse, purement fictive, du quartier général de ce groupe de policiers, installé dans une église abandonnée. Un titre que Cannell n'avait pas choisi au hasard puisqu'il faisait référence à *21 Beacon Street*, une série policière des années 60 dans laquelle des détectives privés infiltraient la pègre sous différentes identités.

Bientôt sonna l'heure des auditions.

* * *

Pour le rôle de H.T Ioki, un policier né au Japon et naturalisé américain qui a appris l'anglais en regardant la télévision, Cannell auditionna plus de deux cent soixante candidats, dont seulement un quart d'origine asiatique, avant de porter son choix sur Dustin N'Guyen qu'il connaissait pour l'avoir vu dans un épisode d'*Agence tous risques*.

Dustin fut le premier acteur engagé. En juillet 1986.

Puis Cannell chercha une blonde aux yeux bleus, sportive en diable, unique élément féminin du groupe. Lorsqu'il vit l'actrice Holly Robinson, pourtant aux antipodes des critères qu'il s'était fixés, il modifia de fond en comble le personnage de Judy Hoffs et le lui confia.

Peter de Luise vint bientôt rejoindre la petite troupe dans le rôle de Doug Penhall, un flic issu de la rue où il a acquis une certaine philosophie.

Restaient deux personnages importants à distribuer : celui du chef du groupe, le capitaine Richard Jenko, individu résolument anti conformiste, et celui de Tom Hanson, une tête brûlée, que Cannell avait écrit en pensant à James Dean.

Jenko fut offert à Frederic Forrest, que Cannell appréciait beaucoup et qui, en dépit de ses 38 ans, pouvait parfaitement s'intégrer à un groupe de jeunes.

Quant à Tom Hanson, il constituait l'énigme de ce casting. C'est pourquoi le producteur étudia la question de très près. Il voulait tout connaître sur les jeunes acteurs d'aspect un peu « rebelle » qui foisonnaient à Hollywood. Parmi eux, il releva le nom d'un certain Johnny Depp. En fait, ce qui l'intéressait en lui n'était pas tant sa courte carrière d'acteur que son récent passé de musicien de rock. Johnny fut invité à auditionner.

Dès son retour du tournage de *Platoon*, il fut contacté par son agent qui lui conseilla de se rendre à cette audition pour une série télévisée. Dire que cette nouvelle enthousiasma Johnny serait pour le moins exagéré. En réalité, il n'avait aucune envie de se rendre à cette audition car il n'avait aucune envie de jouer un même rôle sur une longue période. Pour lui, il n'était pas question de travailler pour la télévision. Son vœu le plus cher était de retourner à la musique. Mais son agent insista, lui faisant remarquer qu'il ne disposait d'aucune autre proposition pour le moment. À contrecœur, le jeune comédien se rendit dans les studios de la production.

« On m'a demandé d'auditionner pour une série télé, raconta-t-il plus tard. J'y suis allé. En fait, ça ne m'intéressait pas. Je ne voulais pas être sous contrat durant je ne sais combien de temps. »

Cela l'intéressait d'autant moins qu'il avait envie de continuer son expérience de musicien, notamment avec les Rock City Angels. Contre toute attente, il décrocha le rôle de Tom Hanson. Son agent lui mit la pression : ne pas lâcher la proie pour l'ombre. Johnny remercia ses amis musiciens pour aller s'enfermer sur les plateaux de télévision. Ironie du sort : quelques semaines après que Johnny eut signé son contrat avec Cannell, les Rock City Angels en signèrent un avec David Geffen pour leur premier disque : leur carrière était lancée !

Pour l'année à venir, il n'avait pas à se soucier de son avenir professionnel. Mais c'était compter sans l'intéressé. Lorsqu'il reçut les premiers scénarios de *21 Jump Street*, il dit non. Simplement, mais fermement. Ni son agent ni Stephen J. Cannell ne réussirent à le faire revenir sur sa décision. Un jeune acteur pratiquement inconnu refusant une proposition pour un rôle de premier plan dans une série télévisée, voilà qui ne s'était jamais vu. Même Steve McQueen, considéré pourtant comme un pur rebelle, n'avait osé aller aussi loin. Mais tel était Johnny Depp et il fallait faire avec.

Un peu dépité, Cannell dut se tourner vers un autre candidat : Jeff Yagher. Il avait fait ses premières armes dans la série *V* et, s'il était loin d'afficher l'allure « rebelle » de Depp, il disposait d'un sourire de séducteur et d'un regard clair qui pourraient, peut-être, contrebalancer ce handicap. Yagher signa donc son contrat. Pourtant, à la différence des autres acteurs de la troupe, il ne signa qu'un contrat d'essai. Cannell se réservait le droit de le renvoyer à tout moment. Il avait toujours dans la tête l'idée de convaincre Johnny Depp...

Quoi qu'il en fût, l'équipe était maintenant au complet.

À l'automne 1986, fut tourné le premier épisode, dit le «pilote», de cette nouvelle série. Ce tournage se déroula globalement bien, à un détail près: Jeff Yagher ne collait pas du tout au personnage de Tom Hanson. Les craintes de Cannell se confirmaient, son flair ne l'avait pas trahi. Il voulait Johnny Depp et il l'aurait. Comme l'agent de Johnny était acquis à sa cause, Stephen se sentit moins seul, d'autant qu'il savait que Depp n'était demandé sur aucun autre projet.

Il recontacta donc Johnny et lui demanda de se rendre dans son bureau. Ainsi fut fait. À nouveau, ils parlèrent de la série et plus particulièrement du personnage de Tom Hanson. À la fin de la conversation, le producteur proposa à l'acteur de visionner le premier épisode de *21 Jump Street* qui venait juste d'être mis en boîte. Depp accepta. Cette fois, il trouva le concept original plus convaincant que sur le papier et fut séduit par la chaleur qui se dégageait de l'ensemble des personnages. Il se rendit compte que ces derniers n'étaient pas seulement des flics mais aussi des êtres humains, proches des problèmes des jeunes. Or Johnny restait très sensible aux innombrables tracas de la jeunesse.

Et il finit par accepter le rôle. Après tout, se dit-il, cela valait peut-être la peine de tenter ce genre d'expérience. Il pensait que cela l'occuperait au maximum un an et n'avait aucune idée des bouleversements que *21 Jump Street* allait apporter dans sa vie.

* * *

Jeff Yagher fut remercié et Johnny Depp arriva sur le plateau de cette série télévisée. Une arrivée qui ne fut pas saluée par un tonnerre d'applaudissements. En effet, l'ensemble de l'équipe jugea d'un mauvais œil le départ précipité de Yagher et pensait que Johnny était un «pistonné». Pour dissiper tout malentendu, le nouveau venu prit la peine d'expliquer dans quelles circonstances il avait été engagé et qu'il n'était pour rien dans le départ de Yagher puisque, dans tous les cas, Cannell voulait se séparer de lui.

Après trois jours d'observation mutuelle, la bonne humeur revint.

Pourtant, au bout de seulement quelques épisodes, un nouveau changement intervint au sein de l'équipe. Frederic Forrest fit savoir qu'il souhaitait quitter la série. Non qu'il n'appréciât pas *21 Jump Street*, mais, à la réflexion, il n'avait aucune envie de faire carrière à la télévision et préférait revenir au cinéma, qui continuait à lui faire des propositions. Cannell accepta ce choix et fit disparaître le personnage du capitaine Richard Jenko au cours d'un accident de voiture. Forrest fut alors remplacé par Steven Williams qui campa le capitaine Adam Fuller, officier de police nettement plus « classique » que son défunt prédécesseur.

En dépit de tous ces impondérables, la production réussit à mettre en boîte la première saison de *21 Jump Street*. Johnny compta au moins une satisfaction : avoir réussi à faire admettre la présence de son ami d'enfance Sal Jenco au cours des quatre premiers épisodes, dans le rôle de Sal Banduchi. Une manière pour Depp de ne pas se sentir complètement déraciné.

La série fit son apparition sur la chaîne américaine FOX le dimanche 12 avril 1987 à 19 heures. Une heure de grande écoute mais également de grande concurrence, puisque sur ABC était diffusée une émission de Walt Disney particulièrement appréciée par les jeunes.

Or, dès le départ, *21 Jump Street* connut un impact considérable. Les ados l'adoraient car ils se sentaient concernés. Les médias se penchèrent sur ce phénomène et de nombreux organismes officiels saluèrent la qualité du scénario ainsi que son propos de venir en aide à la jeunesse américaine.

Certains épisodes dépassèrent largement le strict cadre du petit écran. L'un d'eux, par exemple, souleva le problème de la prostitution enfantine et donna le numéro de téléphone d'une association destinée à venir en aide aux ados forcés de se prostituer. Grâce à ces appels, un très important réseau de prostitution enfantine s'étendant sur plusieurs États américains fut démantelé !

Les réactions des spectateurs furent telles que la firme Columbia Pictures, associée à la production de *21 Jump Street*, mit en place, dès la diffusion de la première saison, un centre regroupant huit lignes téléphoniques destiné à répondre aux innombrables questions du public, ou simplement à les écouter. Car l'Amérique se rendit compte, grâce à cette série, que cette jeunesse éprouvait un immense besoin de s'exprimer et, souvent, ne trouvait personne à qui parler. Des psychologues furent appelés à la rescousse et entamèrent de réels dialogues avec les adolescents désemparés, les rassurant dans un premier temps puis les envoyant vers une association caritative ou un organisme officiel susceptibles de leur venir en aide.

Conséquence directe : on parla énormément de *21 Jump Street*. Les protagonistes de cette nouvelle série qui passionnait les jeunes firent la une des magazines. Tous devinrent des célébrités du jour au lendemain. Mais celui qui bénéficia le plus de cette soudaine popularité fut, assurément, Johnny Depp. Au moment où la série battait des records d'audience, il devint « le » héros de *21 Jump Street*, dépassant par son aura tous ses partenaires et déclenchant autour de lui un véritable déchaînement médiatique. Car, bien entendu, la production prit soin d'exploiter cette notoriété, multipliant les séances avec les photographes, les interviews et propulsant son jeune poulain dans tous les endroits à la mode.

On le compara à James Dean et à Mickey Rourke, il reçut jusqu'à dix mille lettres par mois, en provenance du monde entier. Des lettres contenant véritablement de tout : des déclarations d'amour, bien sûr, des demandes en mariage mais aussi des chantages au suicide, des photos de demoiselles fort peu vêtues, des sous-vêtements et même des poils pubiens !

Oui, Johnny Depp devint une star. Le journal *US Magazine*, très populaire aux États-Unis le classa parmi les « dix célibataires les plus sexy du show-business », le magazine *Rolling Stone* le catalogua parmi les personnalités les plus marquantes de l'année, etc.

Acteur adulé, il avait tout pour être comblé. Et pourtant…

« Quand la série a été diffusée, ma vie a été bouleversée, remarqua Depp bien des années plus tard. Ils ont fait de moi un produit de merchandising. Les gens me montraient du doigt, c'est une sensation étrange, c'est très déconcertant. Je n'y étais pas préparé mais l'est-on jamais ? J'avais conscience d'être privilégié mais la machine qui avait créé cette image et qui la vendait me mettait mal à l'aise, elle n'avait rien à voir avec moi ni avec ce que je voulais faire ou être. »

CHAPITRE 4

VERS SA LIBERTÉ

Si, sur le plan professionnel, Johnny Depp avait toutes les apparences de l'homme comblé, mais les apparences seulement, sur le plan sentimental, il était tout à fait paisible, si l'on ne tient pas compte du fait que les journaux s'intéressaient de trop près à lui.

Peu avant le début du tournage de *21 Jump Street*, il avait rencontré une jeune actrice dont la renommée venait d'exploser grâce au principal rôle féminin de *Dirty Dancing*, aux cotés de Patrick Swayze. Elle se nommait Jennifer Grey, était blonde et s'enorgueillissait du fait d'être née à la date privilégiée du 26 mars 1960. Véritable enfant de la balle, puisque fille de l'acteur danseur Joel Grey, elle avait étudié l'art dramatique à New York au sein de la prestigieuse Neighborhood Playhouse et avait débuté au cinéma dès 1984.

Elle était, elle aussi, très courtisée par la presse qui dressa d'elle le portrait d'une « mangeuse d'hommes » et lui attribua des liaisons avec Matthew Broderick, Alec Baldwin et Eric Roberts.

En se liant à elle, Johnny Depp apprit ce que signifiait « être la proie des photographes ». Ces deux étoiles montantes ne pouvaient laisser les paparazzis de marbre et débuta une véritable traque qui ne fit que prendre de l'ampleur au fil des ans.

Néanmoins, le couple aspirait à une vie tranquille. Johnny et Jennifer s'installèrent ensemble à compter de 1988 et, tandis que monsieur continuait dans sa série, mademoiselle tournait *Bloodhounds of Broadway* avec Matt Dillon.

À cette même époque – le 31 mai 1988 pour être précis – Johnny fit dessiner ses premiers tatouages : une figure de chef indien coiffé de ses plumes d'apparat et un cœur traversé d'une flèche, dédié à sa mère, Betty Sue.

Tout semblait aller pour le mieux. Finalement, le seul élément que Johnny Depp avait omis de prendre en compte était le succès de *21 Jump Street*. Un succès qui le dépassa largement et lui donna presque le vertige.

Lui qui avait cru devoir jouer Tom Hanson durant un an maximum se retrouvait enchaîné à ce rôle, à cette série, à cette production. Car Stephen J. Cannell n'était pas homme à lâcher la poule aux œufs d'or. Il tenait un filon et, en bon businessman, chercha à l'exploiter. D'où l'annonce du tournage d'une deuxième saison de *21 Jump Street*. Johnny, qui ne cachait, déjà, pas son peu d'envie de revenir dans la série fit monter les enchères et réussit à obtenir la coquette somme de 45 000 dollars par épisode. Le salaire de l'ennui, en quelque sorte.

Quand tous les contrats furent signés, l'on put lancer la production.

* * *

Au programme vingt-deux épisodes (la première saison n'en avait compté que treize).

Au programme également quelques changements qui furent diversement appréciés par l'équipe.

Le premier concernait le lieu de tournage. Pour des raisons budgétaires, la production décida de tout filmer à Vancouver. Étrange pour une série censée avoir pour cadre Los Angeles, mais tant pis. Tout le monde, à commencer par les acteurs, dut déménager pour le Canada. Johnny Depp quitta Los Angeles. Mais il ne partit pas seul. Il emmena avec lui sa mère, qu'il logea dans un luxueux appartement, ainsi que sa tortue, de loin son animal préféré. Il l'avait affublée du nom de Scaramanga en souvenir d'un personnage de méchant dans un épisode de James Bond, *L'Homme au Pistolet d'or* (*The Man With the Golden Gun*).

Le second concernait les scénarios. Stephen J. Cannell, après avoir, selon ses dires, analysé les demandes du public, décida de faire intervenir un nouveau personnage baptisé Booker. Après avoir multiplié les auditions, il confia ce rôle à un inconnu, Richard Grieco, doté d'une carrure impressionnante et d'un sourire carnassier. Officiellement, il ne devait apparaître que durant trois épisodes mais chacun comprit rapidement qu'il était un nouveau personnage clef de la série.

Or l'équipe de *21 Jump Street* formait désormais un groupe soudé – presque autant que les acteurs de *Platoon* ! – et vit d'un très mauvais œil l'arrivée de ce trublion. D'autant que sa seule présence déséquilibrait les intrigues. Il fallait donner quelque chose à faire à ce Booker et cela se fit au détriment des autres personnages. À tel point que, pour beaucoup d'observateurs, Booker était le « rival » de Hanson et, en bonne logique, Grieco le « rival » de Depp.

Au terme des trois épisodes prévus avec ce Booker – trois épisodes tournés dans une ambiance tendue –, Stephen J. Cannell se retira et étudia la question. Au vu du résultat, il confirma que la présence de Booker apportait un plus à la série et affirma que Richard Grieco était de la graine de star. En conséquence, comme beaucoup l'attendaient ou le craignaient, l'acteur signa un nouveau contrat couvrant toute la saison et apparut finalement dans dix-sept épisodes.

Les journalistes américains ne manquèrent pas de poser la question : pouvait-il y avoir deux vedettes dans une même série ? Une question qui leur permit d'inventer une prétendue rivalité entre Johnny Depp et Richard Grieco. Or, il ne pouvait y avoir de vraie rivalité car, d'un côté, Johnny en avait déjà assez de son rôle et avait acquis la célébrité malgré lui, alors que, de l'autre, Richard voulait porter son personnage au sommet et faisait tout pour atteindre la gloire. D'un côté le loup solitaire qui ne cherche qu'à se retirer sur ses terres, de l'autre le loup aux dents longues qui ne cherche qu'à se faire une place au soleil. Rivalité forcément inexistante.

Cela créa, tout de même, quelques troubles sur le plateau. Fréquemment, Depp chercha à perfectionner son rôle. Il voulait comprendre les motivations de Tom Hanson, les faire partager aux téléspectateurs plutôt que de foncer droit devant lui. Grieco, de son côté, n'avait pas les mêmes scrupules. Et, pour gagner du temps, quand Johnny refusait ou discutait une scène, la production la repassait aussitôt à Grieco qui s'en délectait. En conséquence, Booker prit de plus en plus d'importance, épisode après épisode.

Force est de constater que Cannell avait raison. Très rapidement le personnage de Booker devint très populaire et Grieco s'imposa comme la nouvelle vedette de la série, adulé par les jeunes et pourchassé par les journalistes.

La deuxième saison confirma le succès de *21 Jump Street* autant qu'elle confirma le statut de star de Johnny Depp. Un statut qui lui permettait de ne pas trop se soucier de ses fins de mois et lui laissait du temps libre. Dès son retour à Los Angeles, il sut en profiter.

Mais, trop rapidement à son goût, il lui fallut reprendre le chemin du studio, c'est-à-dire la route de Vancouver. Une troisième saison de vingt épisodes fut mise en boîte.

Trois saisons. Trois ans déjà que Johnny était lié à ce personnage de Tom Hanson. Cela lui semblait démesuré. Terrible, presque. Lorsque le premier épisode de cette nouvelle saison fut diffusé sur les téléviseurs américains (le

6 novembre 1988), Johnny avait vingt-cinq ans et le sentiment amer de ne pas avoir fait grand-chose de sa vie. Il regardait avec tristesse ces gloires du petit écran : James Arnes lié à vie à *Gunsmoke* ; Wiliam Shatner éternel capitaine Kirk de *Star Trek*, Peter Falk, Columbo jusqu'à la fin de ses jours ; et tant d'autres. Il les regardait et ne les enviait pas.

Ce fut avec une immense lassitude qu'il donna son accord pour une nouvelle saison. En réalité, il n'avait pas tellement le choix car encore tenu par un contrat draconien... Pour lui redonner du baume au cœur, Stephen J.Cannell lui annonça le départ de Richard Grieco. Le jeune loup aux dents longues ne fut pas remercié. Bien au contraire, il était arrivé à ses fins : disposer d'une série avec lui seul pour vedette. Plus de Johnny Depp pour lui faire de l'ombre, plus d'équipe dans laquelle s'intégrer. Cette série s'intitula *Booker*, puisqu'elle reprenait son personnage de *21 Jump Street* mais ne dura pas plus de vingt-deux épisodes. Qui avait dit que Richard Grieco était de la graine de star ?

Au moment où Depp informait la production qu'il acceptait de reprendre le costume de Tom Hanson, la presse annonça sa séparation d'avec Jennifer Grey. Elle survint au printemps 1989. Quelques mois plus tard, Johnny reprit la route de Vancouver pour y tourner les nouveaux épisodes de *21 Jump Street*.

Le départ du turbulent et massif Richard Grieco amena un peu de calme au sein de l'équipe de cette série, mais il ne fallait pas être un observateur particulièrement avisé pour constater que le cœur n'y était plus. Johnny n'était plus le seul à regarder ailleurs, Dustin N'Guyen ne cessait de répéter qu'il voulait partir. Plus rien n'était comme avant. Depp se montra de plus en plus exigeant, demandant à retravailler certaines scènes et en refusant d'autres. Il ergotait, réclamait. Il fatiguait surtout.

Il avait également une haute opinion de son impact sur la jeunesse. C'est pourquoi il repoussa avec énergie certains comportements de Tom Hanson, de peur qu'ils influencent les jeunes téléspectateurs. Une telle attitude ne fut pas appréciée par la production et plus d'une fois le ton monta. Pourtant, Johnny demeura inflexible.

Mais le public n'y vit que du feu.

Et le succès fut à nouveau au rendez-vous.

Et les paparazzis étaient toujours là.

Et la pression autour de Johnny Depp se fit de plus en plus forte.

Le public était en train d'admirer les épisodes inédits de la quatrième saison quand il lança sa bombe. Car, bien plus qu'un pavé dans la mare, elle eut un retentissement digne d'un obus de forte puissance.

En mars 1990, Johnny Depp, acteur adulé du petit écran, annonça qu'il quittait la série qui l'avait rendu célèbre !

Un vent de panique courut dans tout Hollywood et dans bien des salles de rédaction. Sans Depp, que deviendrait *21 Jump Street* ? Fallait-il faire revenir Richard Grieco ? Mais celui-ci ne disposait-il pas de sa propre série ?

Interrogé, Stephen J. Cannell s'affirma confiant. Il était bien placé pour savoir, dit-il, qu'il est fréquent dans la profession d'annoncer un départ pour mieux faire grimper les enchères. D'où sa conviction de faire revenir Johnny sur son choix, quitte à lui proposer une très forte somme. Il aurait dû le connaître mieux que cela. Depp en avait plus qu'assez de Tom Hanson et aucun magot ne pouvait le faire changer d'avis. Il rendait son tablier et sa décision était irrévocable.

Dépité, Cannell continua néanmoins la série. Mais elle ne dura plus qu'une saison…

* * *

Johnny Depp se sentit soulagé. Non seulement d'avoir claqué la porte faussement dorée de la télévision, d'avoir recouvré sa liberté, mais aussi d'avoir pu dire tout haut ce qu'il pensait. Car il ne se contenta pas d'annoncer son départ de *21 Jump Street*, il en profita pour s'en prendre aux journalistes qui glorifiaient des acteurs de séries télévisées plutôt que de s'intéresser à de vraies personnalités de la trempe de Martin Luther King ou Van Gogh. Il s'en prit aussi aux mordus du petit écran qui apportent une célébrité plus qu'éphémère à des jeunes mal préparés à la recevoir. Enfin, il tira à boulets rouges sur ce Tom Hanson qu'il avait personnifié et qu'il n'avait jamais beaucoup aimé. D'ailleurs il n'avait que peu d'estime pour des flics qui se font passer pour des étudiants.

« Tom Hanson n'est pas un policier sans faille, déclara-t-il notamment. Au contraire, c'est un être vulnérable et susceptible de commettre des erreurs. Si, au début, j'ai bien aimé ce rôle, j'ai fini par le détester et même par haïr la télévision ! Finalement, je ne regrette rien, mais si c'était à refaire, je ne le referais pas. Je préférerais devenir pompiste dans une station-service. »

La première chose que fit Johnny Depp après avoir abandonné *21 Jump Street* fut d'installer sa mère en Floride… où elle se remaria.

S'il avait cru s'être débarrassé des paparazzis simplement pour avoir quitté une série de succès international, Johnny se fourvoya complètement. Les spécialistes de la presse people ne le lâchèrent pas aussi facilement.

Et sa liaison avec Winona Ryder leur permit de tirer de la copie.

La première rencontre entre les deux comédiens eut lieu en juin 1989 à l'occasion de la première de *Great Balls of Fire*, un film inspiré de la vie du rocker Jerry Lee Lewis. Winona y était présente en tant que principale interprète de cette œuvre et Johnny en tant que simple invité.

Pourtant, il n'avait pas pour habitude de se rendre à ce genre de manifestation. Ce soir-là, il fit un effort car il souhaitait voir ce film, intrigué par la personnalité de Jerry Lee Lewis. Il fit bien.

Il avoua, plus tard, que voir Winona Ryder provoqua en lui un véritable coup de foudre. Un coup de foudre pas forcément réciproque car la jeune comédienne trouva ce garçon un peu trop timide à son goût. Fort heureusement, les choses finirent par s'arranger.

Car Winona avait une autre corde à son arc : sa famille. Son parrain n'était autre que Timothy Leary, l'un des gourous de la « beat generation » avec Kerouac et Salinger. Cette « beat generation » qui a engendré le mouvement beatnik et, dans les années 70, prôné la liberté à tout prix. Un courant de pensée qui secoua profondément l'Amérique puis l'Europe. Or Johnny Depp se sentait très proche de cette forme de philosophie et considérait Leary comme une personnalité de premier plan. Aussi, quand ce dernier organisa une grande réception, il s'y fit inviter, ce qui lui permit, du même coup, de revoir Winona.

De rencontres en rencontres naquit une idylle qui n'échappa pas aux photographes. Naquit également un nouveau tatouage, puisque Johnny se fit dessiner sur le bras un « Winona Forever » du plus bel effet.

Johnny et Winona semblaient, effectivement, faits l'un pour l'autre : ils partageaient les mêmes goûts, les mêmes envies, les mêmes lectures, les mêmes coups de cœur. Ils se ressemblaient en de nombreux points. Trop, peut-être.

Cinq mois plus tard, M. Depp annonça ses fiançailles avec Miss Ryder en lui offrant une superbe bague.

* * *

Mais qui était Winona Ryder ?

Petite jeune femme brune, elle doit son prénom à une déesse indienne de l'amour mais, surtout, à la ville où elle naquit en octobre 1971 : Winona (Minnesota).

Troisième d'une famille de quatre enfants, Winona Laura Horowitz (son vrai nom) passa son enfance à San Francisco où ses parents, Michael Horowitz, philosophe, et son épouse, Cindy, dirigeaient une librairie fort réputée, Flashbooks, spécialisée dans les livres anciens. Le couple écrivit plusieurs ouvrages dont une étude sur le chamanisme et une anthologie d'essais d'Aldous Huxley.

Pour Winona, ce fut l'occasion d'être confrontée aux principaux représentants de la « contre-culture » américaine dont, en tout premier lieu, Timothy Leary, célèbre professeur de psychologie qui fut choisi pour être son parrain.

Alors que l'enfant n'avait que sept ans, ses parents décidèrent de s'installer dans une communauté hippie de Californie du Nord d'où l'électricité et la télévision se trouvaient bannies. Ce fut dans cet endroit véritablement pas comme les autres que Winona fit ses premiers pas d'actrice, se spécialisant bien vite dans les rôles de garçons, dont elle aimait arborer les tenues à la ville comme sur planches.

Trois ans plus tard, sa famille s'établit à Petaluma, dans la banlieue de San Francisco. Retour aux sources, en quelque sorte.

À l'âge de douze ans, dévorée par l'envie de devenir actrice, Winona suivit les cours d'art dramatique de l'Actors Conservatory Theatre. Ses performances lui valurent d'être prise sous contrat par une importante agence artistique hollywoodienne.

En 1986, après avoir auditionné pour un rôle dans *Desert Bloom*, qu'elle n'obtint pas, elle débuta au cinéma dans *Lucas*, un film sur les jeunes qui lui permit de donner la réplique à Charlie Sheen.

L'année suivante, elle joua dans *Square Dance* qui lui valut de rencontrer Rob Lowe avec lequel elle eut une liaison.

En 1988, Winona Ryder connut son premier succès personnel en participant à *Beetlejuice* de Tim Burton, où elle interprétait la jeune fille de la famille. Par la suite, elle parut dans *1969* aux côtés de Kiefer Sutherland et Robert Downey Jr, ainsi que dans la comédie macabre *Heather* avec Christian Slater. Quant au rôle de *Great Balls of Fire*, grâce auquel elle rencontra Johnny Depp, il avait été primitivement offert à Emily Lloyd.

Johnny et Winona s'entendirent tellement bien que le mot mariage commença à être évoqué. Pour couper court à toutes les rumeurs, l'acteur fit savoir que s'il recherchait à fonder un foyer, il n'avait pas forcément envie de passer par le mariage. Cela n'empêcha pas les deux amoureux de s'installer dans une maison que Johnny acheta à Malibu, la plage des stars non loin de Los Angeles, où ils coulèrent une parfaite idylle, loin de la fureur d'Hollywood.

Tout semblait aller pour le mieux pour Johnny Depp.

CHAPITRE 5

ICONOCLASTE

À cette époque, si Johnny Depp se posait des questions, cela concernait essentiellement son avenir professionnel. Ce n'étaient certes pas les propositions cinématographiques qui manquaient mais toutes tournaient autour d'un personnage à la Tom Hanson, et ça il n'en était pas question. Comme il n'était pas question de jouer les rebelles, les flics, les sex-symbols, du moins dans un premier temps.

Pourtant Johnny savait que passer du petit au grand écran n'est pas chose aisée. À bien y regarder, seulement une petite poignée d'acteurs avaient réussi cette reconversion dont Steve McQueen, Charles Bronson, Clint Eastwood, Burt Reynolds. Mais combien d'autres s'y étaient cassé les dents ? Et non des moindres. L'un des exemples les plus récents étant celui de Tom Selleck, incapable de faire oublier son personnage de Magnum et de s'imposer véritablement au cinéma.

Pour franchir le difficile passage séparant ces deux médias, il fallait à la fois du talent, du cran et un peu de chance. Aux yeux de Johnny, il fallait aussi autre chose : faire ce que l'on a envie de faire. Inutile de calculer, de tirer des plans sur la comète. En tout cas, ce n'était pas son style. Peu lui importaient l'argent et la notoriété, pourvu qu'il prenne plaisir à tourner ses prochains films.

Comme pour être certain de ne jamais revenir en arrière, il fit exploser l'image de marque qui l'avait rendu célèbre et fit sauter les derniers ponts le reliant à Tom Hanson. C'est dans cette optique qu'il accepta de jouer dans *Cry Baby*.

S'il est un choix singulier, c'est bien celui-là. À la fois du fait du sujet, de la petitesse du budget et de la personnalité de son auteur, John Waters.

Ce cinéaste joyeusement iconoclaste était connu pour son humour pas forcément du meilleur goût. Cela lui avait valu de faire sensation à travers des œuvres comme *Pink Flamingos, Female Trouble* et *Hairspray*. Cette fois, grâce à une histoire se déroulant à Baltimore en 1954 et opposant deux bandes rivales, il s'amusa à parodier les comédies musicales américaines des années 50, du style de celles interprétées par Elvis Presley. Il qualifia d'ailleurs son film de « Roméo et Juliette dans l'ambiance de Grease ».

Pour le rôle principal, celui d'un jeune homme surnommé Cry Baby amoureux d'une jeune femme de bonne famille n'appartenant pas à son monde, il chercha un acteur connu. Mieux : une icône. Dans ce but, il se rendit chez le marchand de journaux le plus proche de son domicile et y acheta tous les magazines s'adressant aux jeunes. Porteur de ce volumineux paquet, il retourna chez lui et fut frappé par le fait que, sur la plupart des couvertures, s'étalait un certain Johnny Depp. Ne regardant jamais les séries télévisées, sauf pour se moquer d'elles, John Waters n'avait aucune idée de qui pouvait être ce Depp.

Il lut donc les articles le concernant et découvrit qu'il avait notamment participé à *Platoon*. Un bon point, à ses yeux. Connaissant Willem Dafoe, il l'appela pour lui demander son avis sur ce Johnny Depp. Dafoe lui répondit en toute franchise que c'était un excellent acteur doté d'une forte personnalité. Il alla jusqu'à le recommander vivement au cinéaste.

Dans la foulée, Waters prit contact avec Johnny en lui envoyant une lettre ainsi qu'un bref synopsis que Depp trouva drôle et étrange. Il trouva aussi que c'était tout à fait ce qu'il lui fallait pour faire oublier *21 Jump Street*.

Les deux hommes finirent par se rencontrer et Waters trouva des points communs entre cet être de chair et d'os qu'il avait devant lui et le jeune délinquant dont il s'était inspiré pour écrire *Cry Baby*. Il constata que l'un comme l'autre refusaient de se plier aux exigences du « système » et menaient leurs vies comme bon leur semblait. Ce n'était pas à proprement parler des marginaux, ni même des rebelles, mais plutôt des poètes épris de liberté.

Par ailleurs, au cours des conversations, Waters se découvrit lui aussi des points communs avec Johnny : tous deux collectionnent les peintures de John Wayne Gacy, un meurtrier célèbre reconverti dans l'art, et tous deux sont des admirateurs de Pia Zadora, étonnante et éphémère actrice des années 70. Enfin, à force d'observer Depp, Waters lui trouva des allures de Robert Mitchum. Bref, il le voulait pour son film.

Et Johnny dit oui.

« Pourquoi *Cry Baby* ? expliqua-t-il. Parce que c'était le meilleur des scénarios que j'ai lus, le mieux écrit et le plus drôle. Et parce qu'il se moquait de mon image d'idole des jeunes dont je n'ai rien à faire ! »

Depp accepta également ce film parce que son action se déroulait à une époque qu'il chérissait, celle de James Dean, d'Elvis Presley mais aussi, plus tard, des Doors et des Who.

Pour couronner le tout, il y avait la personnalité incomparable du réalisateur.

« Je suis un fan de John Waters, déclara l'acteur. J'aime son univers étrange peuplé de personnages aussi monstrueux qu'humoristiques. Nous partageons aussi le même goût des farces de collégiens. »

Et de répéter :

« J'ai eu beaucoup de chance de le rencontrer, car j'avais besoin aussi de bousculer l'image d'idole des jeunes que les médias me collent à la peau et que je ne supporte pas. »

En rejoignant John Waters, Johnny Depp entamait la route qui allait le mener vers des cinéastes à l'univers très personnel, des auteurs qui ont des choses à dire et des émotions à faire passer à travers la bulle de leur propre création.

Fort de l'accord de sa « vedette », John Waters procéda au recrutement du reste de la troupe. Il le fit à sa manière : hors des sentiers battus et avec un brin de provocation : une ex-star du porno, Traci Lords, ainsi que Iggy Pop, musicien réputé pour son rock ultra violent ; Joe Dallesandro, ancien acteur du cinéma underground ; Patricia Hearst, petite-fille du magnat de la presse William Randolph Hearst, condamnée à sept ans de prison pour complicité de terrorisme ; Stephen Mailer, fils de l'écrivain Norman Mailer ; David Nelson, frère du chanteur Ricky Nelson ; et, cerise sur le gâteau, une ex-idole des jeunes : Troy Donahue.

Un casting à faire dresser les cheveux sur la tête des puissants d'Hollywood. Un casting comme les aimait John Waters qui, en conséquence, dut se contenter d'un budget de onze millions de dollars.

* * *

Johnny Depp crut qu'il allait pouvoir profiter d'un tournage paisible et amusant. D'autant que la majorité des prises de vues avait pour cadre les alentours de Baltimore, c'est-à-dire loin de la folie d'Hollywood.

Il se trompait.

Dès les premiers jours de tournage, il ne put faire un pas sans être assailli par des dizaines de fans lui réclamant un autographe et par des paparazzis guettant le moindre de ses faits et gestes. Pour le protéger, la production dut engager quatre gardes du corps. Voilà qui ne plut pas du tout à Johnny, qui dut faire contre mauvaise fortune bon cœur. Il n'était pourtant pas au bout de ses surprises : en cours de tournage, il apprit que des femmes proposaient aux techniciens de *Cry Baby* des sommes mirobolantes pour acheter un objet que Johnny avait simplement touché !

Les producteurs du film de John Waters craignaient un peu ces débordements, comme ils craignaient le comportement de Johnny Depp dont la réputation n'était, déjà, plus à faire. Il avait claqué la porte d'une série télévisée à succès et pouvait très bien faire de même avec une production cinématographique. Lorsqu'ils le virent arriver sur sa rutilante Harley Davidson Flathead 1940, leur angoisse remonta d'un cran.

Ils eurent tort car le tournage se déroula dans d'excellentes conditions. Tous avaient oublié que Johnny est et reste avant tout un professionnel. Il expliqua même que s'il arrivait chaque matin en moto, ce n'était pas du tout avec l'intention de choquer mais parce qu'il se sentait plus à l'aise sur sa Harley que dans n'importe quelle voiture. Le goût de la liberté, encore et toujours.

Hormis les contraintes autour du plateau, jouer dans *Cry Baby* fut pour tous les comédiens une source d'amusement constant. Johnny apprécia cet ersatz de comédie musicale et prit des cours de danse auprès de la chorégraphe Lori Eastside, ancienne chanteuse de Kid Creole and the Coconuts qui, par la suite, avait notamment travaillé avec Madonna.

De plus, ce film lui donnait l'occasion, pour la première fois depuis ses débuts d'acteur, de renouer avec la musique, sa première passion. S'il ne chanta pas (il fut doublé par le chanteur californien James Intveld), il put néanmoins participer aux séances d'enregistrement. Impressionné par le professionnalisme et l'efficacité de l'équipe, il caressa l'idée d'enregistrer à son tour un album. Il réfléchit même très sérieusement à la question et envisagea de réunir certains succès de ces idoles, parmi lesquelles Elvis Presley.

Mais, pour l'heure, il avait un film à défendre.

* * *

Cry Baby sortit sur les écrans américains en avril 1990.

Le moins que l'on puisse dire est que ce ne fut pas un succès. Ce fut même un cuisant échec. Si la critique s'amusa au ton volontairement décalé employé par John Waters, le public n'apprécia pas beaucoup cette pochade qui partait un peu dans tous les sens. De plus, comme on pouvait le craindre, et comme Johnny Depp l'espérait, les fans de Tom Hanson furent complètement décontenancés et se demandèrent ce qui était arrivé à leur idole.

Finalement, *Cry Baby* ne fut pas un échec pour tout le monde.

« *Cry Baby* a été une bouffée d'oxygène, expliqua Johnny Depp, une bonne blague, une façon de me moquer de ce qu'on attendait de moi. »

CHAPITRE 6

LES EXCLUS

Au début des années 90, Tim Burton était considéré comme l'une des plus brillantes jeunes recrues du cinéma américain. Il avait suivi un parcours très étonnant qui l'avait vu débuter aux studios Disney (où il travailla comme animateur sur *Rox et Rouky* et *Taram et le chaudron magique*) avant de passer à la réalisation via un court métrage en hommage à Vincent Price. Ce petit film contenait en germe tout l'univers de Burton, finalement aux antipodes de celui de Disney.

Désireux d'exploiter de nouvelles voies, il quitta le monde de l'animation pour chercher à filmer de manière différente, quitte à surprendre.

« Le plus motivant pour moi, expliqua-t-il, est de créer à l'écran quelque chose de nouveau et de différent, mais auquel le public adhère parce qu'il y retrouve, à un niveau ou un autre, un écho de ses propres expériences. En animation, vous pouvez réaliser à l'image les choses les plus folles qui vous passent par la tête. Mais, arriver au même résultat par des prises de vues réelles est un véritable défi parce que cela signifie appliquer des concepts d'animation à la vie même. »

Dès son premier long métrage, Tim Burton étonna et enthousiasma. *Pee Wee's Big Adventure* apportait un ton nouveau dans la comédie mais restait néanmoins un peu éloigné de l'univers propre à Burton. Tel ne fut pas le cas avec son film suivant, le génial *Beetlejuice*, mélange d'humour macabre, d'ambiances un peu folles et d'étonnantes trouvailles visuelles. Un auteur était né et chacun sut qu'il allait falloir compter avec lui dans les années à venir.

Tim Burton se retrouva tellement en ligne de mire qu'il se vit confier l'un des projets cinématographiques les plus importants de la décennie : la réalisation de *Batman*. Refusant d'en faire un film d'action comme les autres, il imposa sa griffe et commença par confier le rôle principal à son ami Michael Keaton qu'il avait dirigé dans *Beetlejuice*. Le triomphe international de *Batman* lui valut d'être nommé réalisateur de l'année par le NATO (National Association of Theatre

Owners, l'association des propriétaires de salles de cinéma américains). Mais, surtout, il lui permit d'avoir les coudées franches pour réaliser son film suivant. Il pouvait se permettre de filmer ce qu'il voulait avec qui il voulait. Et il ne s'en priva pas.

L'idée de son prochain film naquit d'un dessin. Un dessin qu'il avait crayonné alors qu'il était adolescent. Ce dessin résolument pas comme les autres représentait un être étrange aux cheveux hirsutes, habillé d'une chemise blanche et d'un pantalon noir. Mais ce qui surprenait le plus était que ce garçon avait les doigts remplacés par des lames effilées. Pour Tim, ce personnage représentait tant de choses qu'il voulait en faire le centre de sa prochaine histoire. Il fallait lui inventer un passé, une vie. Pourquoi a-t-il des mains d'argent ? D'où vient-il ? Quelle vie peut-il mener avec un tel handicap ?

Pour répondre à toutes ces questions, et à bien d'autres, Tim décida de placer cet Edward – puisqu'il lui avait désormais donné un prénom – dans la vie de tous les jours, telle que la suivent des millions d'Américains. Ce simple contraste devait suffire à surprendre et à faire naître une intrigue suffisamment forte pour tenir en éveil l'intérêt du spectateur.

Il évoqua cette idée un peu folle avec Caroline Thompson, auteur de fiction qu'il connut grâce à *Beetlejuice*.

« À la minute où il m'a parlé de ce type avec des ciseaux à la place des mains, j'ai su quelle serait l'histoire, confia-t-elle. Le sujet traite du sentiment que tout ce que l'on touche tourne à la catastrophe, du fait d'être maladroit. Pour moi, dans cette histoire, j'ai le sentiment de parler de l'enfance et je crois que Tim aussi. »

Le scénario fut écrit durant l'été 1990 et le film trouva son titre : *Edward aux mains d'argent (Edward Scissorhands)*. Au final, ce fut un conte fantastique traitant de la vie quotidienne dans la banlieue et de l'exclusion.

« J'ai toujours été intrigué par les images et les idées qui se dégagent des contes de fées, expliqua Burton. Mais je n'ai jamais cherché à analyser cela. Dans *Edward aux mains d'argent*, mon propos est de prendre des thèmes de contes de fées et de les rendre plus contemporains. J'espère avoir un peu plus resserré ce lien qui existe entre la vie réelle et le conte de fées. »

Ayant fondé sa propre maison de production et, toujours porté par le succès de *Batman*, Tim n'éprouva pas trop de difficultés à réunir le financement pour ce projet. D'autant que le budget allait se tenir au-dessous de la barre des vingt millions de dollars.

Il ne restait plus qu'à trouver l'acteur idéal pour incarner cet Edward.

En quelques semaines, tout Hollywood fut au courant de la quête de Burton. Et tous les acteurs masculins de moins de trente ans voulurent ce rôle. Tom Cruise, l'une des stars les plus rentables du cinéma, le voulait. Robert Downey, que l'on considérait comme un acteur de grande qualité, le voulait. Tout le monde. Et tous les impresarios firent le forcing pour disposer d'un scénario dans l'espoir de caser l'un de leurs poulains. Dans cette liste, se trouvait l'agent de Johnny Depp qui lui fit parvenir le précieux manuscrit. Et l'acteur plongea dans cet univers.

« J'ai tout de suite pensé que ce scénario était l'un des meilleurs que j'ai jamais lus, remarqua-t-il. Aussi j'ai bondi sur l'occasion de jouer ce personnage qui n'est ni un être humain ni un robot. J'ai tout de suite pensé qu'Edward ne parlerait pas beaucoup. Il s'impliquerait immédiatement dans toutes les situations et y répondrait avec le maximum d'honnêteté et de clarté. »

Oui, Johnny voulait ce rôle. Mais il n'était pas le seul. De plus, il partait avec un sérieux handicap : son récent passé de star du petit écran. Pour la plupart des gens influents d'Hollywood, il n'était qu'une « idole pour adolescentes », lesquelles adolescentes seraient forcément déçues de le voir dans un rôle comme Edward.

Cela, Johnny en avait parfaitement conscience et il en souffrait.

Néanmoins, il disposait d'un atout en la personne de Winona Ryder. Sa fiancée, sa « presque femme » comme disaient certains journaux, connaissait très bien Tim Burton pour avoir tourné *Beetlejuice* sous sa direction. De plus, elle était pressentie pour le principal rôle féminin d'*Edward aux mains d'argent*. Elle fit part au cinéaste de l'enthousiasme de Johnny et réussit à organiser une rencontre entre ces deux hommes. Cela ne se fit pas sans mal. D'un côté, Burton accepta avec très peu d'enthousiasme, n'appréciant guère qu'une de ses comédiennes tente d'imposer son « petit copain » ; de l'autre, Depp refusa carrément.

«Je n'avais pas l'intention d'y aller, raconta-t-il, c'était sans espoir. Le type verrait en moi un acteur de télé. Il ne voudrait pas de moi. Pourquoi me ridiculiser en y allant ? »

Heureusement, Winona sut se montrer convaincante et Depp finit par aller au-devant de Tim Burton. Le moins que l'on puisse dire est que le courant passa immédiatement entre les deux fortes personnalités.

« J'ai compris en le voyant qu'il conviendrait au rôle, souligna Tim. Il était perçu comme la coqueluche des jeunes alors qu'en réalité, à l'intérieur, c'est quelqu'un de bien plus profond. Il y avait une contradiction entre son image et ce qu'il était à l'intérieur. Exactement comme le personnage d'Edward. »

Avant de donner sa réponse, Tim Burton dut consulter ou plutôt convaincre différentes personnalités impliquées dans le film. Sans Johnny Depp, *Edward aux mains d'argent* ne se ferait pas, dit-il. Obtenant gain de cause, il transmit son accord à l'agent de Johnny qui l'appela aussitôt. Depp en fit un bond de joie !

Pratiquement au même moment, Johnny reçut une proposition pour se rendre à des auditions en vue de *Ghost*, un film romantique qui se préparait. Pas question, rétorqua-t-il. Le rôle alla à Patrick Swayze. Depp, se consacra corps et âme à Edward.

Avec Tim, ils parlèrent longuement de ce personnage. Au lieu de réclamer du texte, Johnny voulut qu'Edward parlât le moins possible. Son dialogue fut réduit au strict minimum jusqu'à ne plus contenir que 169 mots.

« Dans ce film, j'ai senti que Johnny agissait comme était un acteur du cinéma muet. Il savait que tout ne s'exprime pas que par des mots. »

Pour aller encore plus loin dans ce sens, Johnny étudia de près les films de Charlie Chaplin, observant les jeux d'expression et les mouvements de corps de cet exceptionnel acteur.

« Mon défi, expliqua Depp, était de rendre Edward parfaitement crédible et attachant. »

Puis, il dut accepter le costume de cuir noir dont il allait être affublé. Il fit également la connaissance de Stan Winston, spécialiste en effets spéciaux, qui allait concevoir et réaliser les mains tranchantes d'Edward mais aussi le maquillage que porterait Johnny Depp.

« Quand j'ai reçu le coup de téléphone de Tim Burton, raconta Winston, ma première pensée a été : j'adorerais travailler pour lui. J'ai tout de suite été impressionné par l'originalité de l'idée d'*Edward aux mains d'argent*. La première étape de notre travail a été, bien sûr, de prendre l'idée de Tim et de trouver les artifices pour qu'elle puisse être réalisée avec de vrais acteurs. »

Pour créer ces mains composées de lames de ciseaux de différentes tailles correspondant à chaque doigt, Winston et son équipe s'inspirèrent du dessin de base de Tim Burton, duquel était partie toute l'idée du film. Finalement, les lames furent en plastique dur peint de manière brillante pour ressembler à de l'acier et fixées à des gants fabriqués à partir de moulages des mains de Johnny Depp. Ces gants et ces lames étaient enfilés jusqu'au poignet et fixés à l'aide de lanières.

Et, deux mois avant le premier tour de manivelle, l'acteur apprit à s'entraîner avec des maquettes de ces encombrantes mains, afin d'en maîtriser parfaitement le fonctionnement.

« Au début, dit-il, ça semble étrange de travailler avec ces mains mais, très vite, cela devient tout à fait naturel. Comme cela se passe pour Edward dans le film, il était important pour moi de prendre conscience non seulement de l'aspect dangereux de ces mains, mais aussi de toutes les possibilités qu'elles offrent, dans un aspect plus positif. Elles lui permettent d'exercer son art de la taille des buissons ou de la coiffure. »

Pour certains gros plans, toutefois, Tim Burton eut recours à des mains mécaniques construites pour être manipulées à distance par des marionnettistes.

En plus des mains habituelles avec leurs fausses lames en plastique, Stan Winston fit construire d'autres lames en caoutchouc pour les scènes de cascade, s'assurant ainsi que personne ne serait blessé lors des prises de vues, comme celle où Edward se jette au secours du jeune Kevin qui va être renversé par une voiture.

Enfin, pour le maquillage de Johnny Depp, Stan Winston conçut un visage aussi pâle que celui d'une poupée de porcelaine, marqué par toute une série de cicatrices qu'Edward s'est faites lui-même en manipulant ses dangereuses mains.

Tout était désormais en place, le tournage pouvait commencer.

* * *

Tim Burton avait porté son choix sur une petite localité située à l'est de Tampa, c'est-à-dire en plein cœur de la Floride. Plus précisément, il opta pour un secteur résidentiel de Land O'Lakes composé de cinquante pavillons. Les cinquante familles y demeurant donnèrent toutes leur accord pour que, durant sept semaines, une équipe de cinéma vînt y tourner un film. Or, pour les besoins de celui-ci, quarante-quatre de ces cinquante maisons furent repeintes dans une variation de teintes pastel : bleu, vert, rose et jaune ! Ces couleurs accentuent l'aspect intemporel du lieu.

De plus, sept maisons furent utilisées pour les scènes d'intérieur. Et la production loua quatre garages pour y entreposer ses équipements.

Les résidents de Land O'Lakes se montrèrent très coopératifs et l'excitation atteint son comble quand les accessoiristes d'*Edward aux mains d'argent* apportèrent de gigantesques buissons taillés qu'ils plantèrent devant un certain nombre de maisons. Tous les voisins sortirent leurs appareils photos et leurs caméscopes pour immortaliser la pose de ces buissons dont certains nécessitèrent l'utilisation d'une grue de quinze mètres. Ainsi, chaque jardin de devant eut droit à son buisson personnalisé : dinosaure, éléphant, ours, pingouin, jeu de quilles, ptérodactyle, ballerine, cheval, dauphin… et même Elvis Presley. En réalité, ces gigantesques buissons n'étaient pas de vraies plantes. Ils étaient faits d'une structure métallique et de copeaux de plastique vert fixés à la main.

À Land O'Lakes, l'ambiance était résolument à la fête. Lors des tournages de nuit, pour oublier la chaleur humide de l'été, les habitants amenaient leur chaise de jardin et leur climatiseur sur la pelouse et regardaient l'équipe du film travailler.

Pourtant, s'il en était un qui ne s'amusait pas, c'était bien Johnny Depp. Outre les difficultés propres au rôle, il devait se soumettre quotidiennement à deux heures de maquillage. Puis, il endossait sa tenue de cuir dans laquelle il crevait littéralement de chaud.

« Les gens ne voient pas qu'il faisait pas loin de quarante degrés, souligna Burton, qu'il était habillé de cuir des pieds à la tête et qu'il jouait malgré tout. »

Depp ne se plaignit jamais mais ne put empêcher certains accidents. Ainsi, un soir, après une éprouvante journée de tournage, il devait s'éloigner en courant. Lorsqu'on lui donna le signal de départ, il entama sa course mais s'écroula subitement quelques mètres plus loin. Durant un moment, l'équipe crut qu'il s'agissait d'un jeu de scène improvisé mais bientôt tout le monde comprit que Johnny s'était évanoui. Heureusement, il récupéra vite.

Ces inconvénients ne l'empêchèrent pas de se passionner pour Edward.

« Ce rôle est complètement différent de tout ce que j'ai pu jouer auparavant, souligna-t-il. Au départ, je pensais que personne n'accepterait de me voir en Edward, et puis je me suis rendu compte qu'Edward est un solitaire et que chacun d'entre nous a, à l'intérieur de lui, la même candeur que la sienne… Edward est un marginal complet. J'ai aimé le jouer parce qu'il ne possède absolument rien de cynique, de méchant ou d'impur, rien de négatif. »

Et Johnny s'entendit à merveille avec Tim Burton.

Ce n'était pas forcément chose facile car à cette époque, Burton, personnage très nerveux, avait la fâcheuse habitude de ne jamais terminer ses phrases, de passer d'une idée à une autre, de ne prononcer qu'un mot sur deux. Au début, de son propre aveu, Johnny eut du mal à suivre la pensée de ce cinéaste. À chaque fois, il lui fallait deux ou trois minutes pour tout remettre en ordre et saisir ce qu'il avait voulu dire. Puis, les choses ne cessèrent de s'améliorer. Burton et Depp s'entendaient tellement bien qu'ils n'avaient plus besoin de parler.

Ils s'inventèrent pratiquement un langage bien à eux où chacun terminait les phrases de l'autre ; et, parfois, un unique mot suffisait à évoquer une idée.

« Je n'en étais pas conscient, nota Johnny, mais on me disait : « Quand Tim et toi parlez, je n'y comprends rien. D'abord vous parlez du personnage, l'instant d'après de Sammy Davis Jr et soudain on vous entend évoquer un instrument bizarre ! »… »

Avec ses partenaires, essentiellement féminines, Johnny Depp n'eut aucun mal à communiquer.

En Diane Wiest, qui était Peg Boggs, il trouva une admiratrice inconditionnelle.

« Johnny était le choix rêvé pour le personnage d'Edward, déclara-t-elle, car Edward et Johnny ont cette même fragilité. Et ils se sentent tous deux exclus. »

Et puis il y avait Winona Ryder, dans le rôle de la jeune fille de la famille Boggs qui héberge Edward.

Winona avait dû faire des sacrifices pour jouer dans ce film. Sa cote ne cessant de monter grâce à ses récents succès (dont *Sirènes* (*Mermaids)* où elle était la fille de Cher), elle se vit offrir le rôle de la fille de Michael Corleone, incarné par Al Pacino, dans *Le Parrain 3*. Impossible de jouer dans le dernier épisode de cette formidable saga, répondit-elle, elle était occupée par *Edward aux mains d'argent* !

Pour la première fois, Johnny et Winona travaillaient ensemble.

« Le fait que nous soyons tous les deux sur ce film a permis de renforcer les liens entre les personnages d'Edward et de Kim, constata Depp. Notre propre complicité a servi cet aspect. »

Sur le tournage, Depp rencontra également Vincent Price, l'idole absolue de Tim Burton, l'un des grands noms du cinéma fantastique américain. Tim lui avait confié le personnage de l'inventeur d'Edward, mort avant d'avoir pu greffer des mains à sa créature. Hélas, à quatre-vingts ans, ce fut le dernier film de Price qui s'éteignit trois ans plus tard…

* * *

Edward aux mains d'argent sortit aux États-Unis en octobre 1990 et reçut d'excellents échos de la part des critiques, qui apprécièrent l'univers si personnel de Burton et l'aspect conte de fées moderne de son film.

Le célèbre magazine de cinéma américain *Variety* écrivit notamment :

« Dans son second rôle en tant que star, Johnny Depp, l'idole de la télévision, offre une interprétation pleine de sensibilité, faisant d'Edward un clown triste mais amusant, avec une démarche à la Chaplin. Jouant derrière un masque blanc, avec de longs doigts articulés, il parvient à faire passer ses expressions par le regard et par des mouvements étranges et effectue un travail efficace et agréable. »

The Sun, pour sa part, parla d' *Edward* comme « l'un des films les plus originaux de l'année ».

Dans son pays d'origine, cette production rapporta 56 millions de dollars, ce qui constitua un excellent résultat pour un film d'auteur. Pourtant, le reste du monde parut moins sensible au charme de cette histoire et *Edward* n'empocha que 29 millions sur les territoires non américains. Cela lui permit néanmoins de se classer en dix-huitième position au box-office mondial 1990, juste derrière *Rocky V* qui ne concourait pas tout à fait dans la même catégorie ! Un box-office largement dominé, cette année-là, par *Ghost*...que Johnny Depp avait refusé !

Mais pour lui, ces chiffres n'avaient aucune importance. Seul comptait ce qu'il tirait, personnellement, de cette expérience. Et il en tirait au moins deux éléments fondamentaux.

Tout d'abord le fait qu'il s'était encore un peu plus éloigné de son image « d'idole des jeunes ». Il en était même tellement loin qu'elle paraissait appartenir à un autre monde. À travers deux films, il avait montré à Hollywood et au public ce qu'il voulait faire, ce qu'il était capable de faire. Il avait aussi fait ses premiers pas sur une route que lui seul pouvait emprunter.

« *Edward* et *Cry Baby* ont été à la base des choix que j'ai faits par la suite », déclara-t-il ultérieurement.

Ensuite, il y avait sa rencontre avec Tim Burton. Nombre d'acteurs, y compris des plus grands, ont besoin de se sentir proches d'un cinéaste. Et l'on put difficilement faire plus proche que Johnny et Tim. Ils étaient presque comme deux frères. Burton était l'aîné de cinq ans mais tous deux avaient gardé une âme d'enfant. Une âme dans laquelle ils soignaient leurs jardins secrets mélanges de poésie, de fantastique et de désillusions.

* * *

Peu après, Johnny s'amusa à effectuer une apparition clin d'œil dans *La Fin de Freddy, l'ultime cauchemar (Freddy's Dead: The Final Nightmare)*. Il le fit parce que la réalisatrice Rachel Talalay était une amie, parce qu'il trouvait amusant de « revenir aux sources » en quelque sorte ou, plus exactement, de « boucler la boucle » selon sa propre expression.

« Dans ce *Freddy*, raconta Depp, je tourne une pub dans laquelle je tiens un œuf en disant : « Ceci est votre cerveau. » Puis, je casse l'œuf dans une poêle où il commence à frire et je dis : « Et ceci est votre cerveau quand vous vous droguez… » Là, Freddy Krueger arrive, attrape la poêle à frire, m'en met un grand coup sur la tronche et je tombe hors champ. »

CHAPITRE 7

D'UN RÊVE À L'AUTRE

Après John Waters et Tim Burton, Johnny Depp était toujours en quête de vraies personnalités, d'auteurs au plein sens du terme. Il pouvait difficilement tomber mieux qu'avec Emir Kusturica, cinéaste internationalement reconnu et créateur d'œuvres fortes comme *Papa est en voyage d'affaires* (Palme d'Or à Cannes) et *Le Temps des Gitans* (Prix de la mise en scène à Cannes).

Appelé par les Américains, il monta un nouveau projet qu'il intitula *Arizona Dream* (bien que le premier titre fût *The Arrowtooth Waltz*).

Effectivement, plus qu'une histoire, il s'agissait d'un rêve. Le genre de rêve qui ne se raconte pas mais se vit, se regarde, s'absorbe. Certes, il y a un personnage central, Axel Blackmar, qui rompt avec son passé à la suite du décès de ses parents ; mais il y a surtout des lieux, des ambiances, des situations, des êtres étranges, bref tout ce qui constitue la vie, et tout ce qui constitue un rêve.

Poussé à définir son film, le cinéaste le fit en ces termes :

« Je suppose qu'on pourrait qualifier *Arizona Dream* de tragi-comédie, si ce genre existe. C'est l'histoire d'un jeune homme qui entre dans ce qui s'avère être un enfer entre deux femmes, à cause de la tragédie qu'elles ont vécue. J'ai essayé de rendre le premier plan très léger, mais avec comme structure de fond une histoire terrible. J'essaie de trouver la frontière entre les moments comiques et les moments sérieux, et il n'y a pas d'équation mathématique pour vous y aider. Le scénario est seulement un point de départ ; ce qui m'importe, c'est ce qui se passe entre les personnages devant la caméra. »

Porté par son idée et soutenu par la Warner Bros, Kusturica put réunir une distribution hétéroclite mais exemplaire : Johnny Depp, Jerry Lewis, Faye Dunaway, Lili Taylor, Vincent Gallo et l'ex-mannequin Paulina Porizkova.

Hélas, la première rencontre avec Johnny se passa mal. Trop de monde autour d'eux, ils ne réussirent pas à établir le dialogue. Au point que l'acteur envisagea de refuser de travailler avec ce cinéaste, fût-il considéré comme un génie. La deuxième rencontre remit les pendules à l'heure. Ce fut un tête-à-tête au cours duquel les deux hommes purent échanger une foule d'idées.

Toute l'équipe partit pour l'Arizona où chacun entra dans son rôle.

« Johnny s'est totalement engagé dans ce projet, constata Kusturica. Et son rôle est difficile à plusieurs titres. Dans le scénario, il était très passif, ne faisant que réagir aux gens qui l'entouraient. Je pense qu'à l'écran, il en a fait un personnage plus fort. »

Pourtant, le début du tournage fut difficile. Les premiers jours, période durant laquelle chacun cherche ses marques, on sentit comme un désagréable flottement. Kusturica n'était pas à l'aise avec le scénario, qu'il voulait constamment remanier, et la production n'était pas à l'aise avec Kusturica, qu'elle voulait remplacer. Les tensions furent telles qu'au bout de cinq jours seulement, les prises de vues s'arrêtèrent.

Tout le monde en fut désemparé. À commencer par les acteurs, qui se demandèrent à quelle sauce ils allaient être mangés. La réponse ne tarda pas : Warner Bros proposa de reprendre le film avec un autre metteur en scène. Johnny Depp fut le premier à refuser cet arrangement et expliqua qu'il cesserait de travailler sur *Arizona Dream* si Kusturica n'était pas aux commandes. Conséquence immédiate : Warner Bros laissa tomber le film.

* * *

La seule issue pour que cette œuvre voie le jour était de trouver un autre financement. Plus facile à dire qu'à faire. Après trois mois de recherches et de négociations, le salut vint de la France, et tout particulièrement de la productrice Claudie Ossard, qui avait prouvé qu'elle aimait les auteurs en finançant notamment *Delicatessen*.

Et le tournage put enfin reprendre. L'équipe investit l'unique motel de Patagonia, une toute petite ville de l'Arizona proche de la frontière mexicaine.

Cette fois, chacun se sentit plus à l'aise. Kusturica remania de fond en comble le scénario et laissa libre cours à son inspiration. Face à lui, les acteurs applaudirent à chacune de ses idées.

« J'avais pris un immense plaisir à travailler pour Emir, écrira Faye Dunaway dans ses Mémoires. C'est un homme peu ordinaire et qui, je trouve, rejoint dans sa fantaisie un Fellini. Il y a un moment dans le film où je suis assise avec Johnny, à table, et où je lui fais part de mon désir de voler. Johnny me regarde et, ce faisant, tombe amoureux de moi. Emir eut l'idée, pour exprimer ça, de suspendre la table et les chaises dans les arbres, comme si nous volions, nous donnant ainsi la chance de faire quelque chose d'inventif, un travail plein d'imagination. Nous nous sentions tous très impliqués dans ce projet. »

Un tournage où l'humour tint une grande place et pas seulement du fait de la présence de Jerry Lewis – qui conserva son incroyable sens de la dérision en dépit de problèmes personnels graves (son fils eut, à cette époque, des démêlés avec la police), et dont la simple présence ravit Johnny.

« J'ai le bonheur de rencontrer Jerry Lewis qui joue mon oncle, dit-il. J'en oubliais de me concentrer tant je l'observais pour essayer de deviner ses secrets d'acteur. Moi qui aime les grands comiques, c'était comme si je tournais avec Charlie Chaplin ou Buster Keaton. Nous avons fini par avoir de vraies relations d'oncle à neveu, très liés. J'avais l'impression, de jour en jour, qu'il faisait partie de ma famille. »

Un tournage au cours duquel Johnny Depp se fit un nouvel ami :

« J'avais adopté un petit cochon ; d'ailleurs il a un rôle dans le film puisque Jerry Lewis lui court après. Le problème, c'est qu'il s'est mis à grandir. Il mangeait énormément, et plus il mangeait moins je pouvais me trimballer avec lui. Il a fini par peser trente-cinq kilos. Je l'ai donné à un zoo d'animaux domestiques pour enfants. »

Finalement, Emir Kusturica construisit un film profondément européen dans des décors typiquement américains. Il créa également un propos philosophique

« Peut-être que ce film est la réaction à ma manière de voir la civilisation occidentale, constata-t-il. Cela vient d'une sorte de philosophie que j'ai établie après trente-cinq ans sur cette terre. Je crois que les êtres humains appartiennent à la nature et non à la civilisation. Et je vois l'homme comme un poisson qui traverse une ville immense. Le poisson ne comprend rien à la ville, il ne fait que flotter à travers elle. C'est ce que j'essaie de faire toujours : amener les gens à se poser des questions. »

Le public européen se montra très sensible à ce ton autant qu'il fut sensible à la prestation de Johnny Depp.

Ce dernier commençait à subir une lente transformation, comme s'il se détachait petit à petit de l'Amérique pour mieux se rapprocher de l'Europe…

Lucide, il savait qu'il avait encore un long chemin à parcourir, ainsi qu'il l'avait souligné au moment des prises de vues :

« Quand j'ai quitté *21 Jump Street*, la presse américains m'a taxé de dingue. Elle prétendait que je ne réussirais jamais une carrière au cinéma. Aujourd'hui encore, j'ai l'impression que Hollywood attend que je me casse la gueule. Mais j'ai fait trois films en un peu plus d'un an et des réalisateurs confirmés comme Tim Burton m'ont fait confiance. J'ai joué à quitte ou double et ça a payé… Quand on va voir mes films, j'aimerais autant que l'on oublie *21 Jump Street* ! »

À noter que la version américaine de *Arizona Dream* fut victime d'un nouveau montage et amputée de vingt-trois minutes (sur les cent quarante-deux initiales).

* * *

Cherchant encore et toujours à se démarquer, Johnny Depp se glissa dans la peau de Sam, un jeune « innocent », illettré et quasi muet qui a adopté le costume et les manières de Buster Keaton. Ce personnage en tout point singulier constituait l'un des piliers de *Benny & Joon* de Jeremiah Chechik. Au grand détriment de Benny, chargé de veiller sur sa sœur Joon, Sam tombe amoureux de cette dernière.

« *Benny & Joon* raconte l'idylle de deux personnages hors norme, expliqua Chechik. C'est une histoire universelle, parce que nous avons tous en nous les mêmes dispositions au plaisir et à la douleur. Et c'est aussi une fable, mais une fable entièrement crédible. »

Mais Chechick eut du mal, beaucoup de mal, à établir son casting idéal. Il songea tout d'abord à Tom Hanks pour le rôle de Sam et à Julia Roberts pour celui de Joon. Mais ces deux-là commençaient à être réclamés partout. La MGM suggéra alors à Jeremiah de prendre Tom Robbins et Susan Sarandon, couple à la vie. Cela se révéla impossible. Pourquoi pas Laura Dern et Woody Harrelson ? La première refusa mais le second accepta. Mais Harrelson imposa de telles conditions qu'il compliqua les choses. Finalement, chacun se rendit compte qu'il avait fait traîner les négociations dans l'attente de son engagement dans *Proposition indécente* aux côtés de Demi Moore et Robert Redford. Dès qu'il en eut confirmation, il dit au revoir à *Benny & Joon* ! Finalement le cinéaste choisit Johnny Depp pour le rôle de Sam après avoir vu *Edward aux mains d'argent*.

« Lorsque je l'ai rencontré pour discuter de *Benny & Joon*, raconte-t-il, j'ai commencé à comprendre ce qu'il avait apporté au rôle d'Edward. Johnny arrive à suggérer les émotions les plus subtiles avec une grande économie de moyens. Il était évident qu'il ferait de Sam un personnage hors du commun. »

Ce que confirma la productrice Donna Roth :

« Johnny possède un don magique. Il nous a émerveillés au premier coup d'œil et son travail a dépassé toutes nos espérances. »

Il est vrai que Depp s'investit à fond dans ce rôle de Sam, qu'il construisit en hommage aux gloires du muet, un peu comme il l'avait fait avec *Edward aux mains d'argent*.

« Je me suis immédiatement pris d'affection pour Sam, et son humour à la Keaton, dit-il. Ce fut pour moi une merveilleuse expérience de redécouvrir les films de Chaplin, Keaton et Lloyd. Mon respect pour ces grands artistes s'est encore accru lorsque j'ai tenté de refaire ce qu'ils accomplissaient avec tant d'aisance et de naturel. »

À travers une scène, ce ne fut pas à Buster Keaton mais bel et bien à Charlie Chaplin que Johnny rendit hommage, faisant danser des petits pains au bout d'une fourchette comme le maître l'avait fait dans *La Ruée vers l'Or (The Golden Rush)*.

Pour préparer ce rôle, Johnny visionna attentivement de nombreux films de Keaton et de Chaplin, puis demanda à Dan Kamin de l'aider à recréer le style des géants du burlesque. Mime, magicien et historien du cinéma, Dan Kamin fut l'un des conseillers du *Chaplin* de Richard Attenborough.

« Le style comique de Sam étant essentiellement physique et proche de ses idoles, décrivit Kamin, nous avons surtout travaillé la gestuelle. Nous avons commencé par des numéros de magie pour terminer par une recréation des célèbres cascades de Keaton. Johnny a fait un travail remarquable, s'appliquant sans relâche à reconstituer dans leurs moindres détails les mouvements les plus subtils et les plus délicats. »

Johnny Depp accomplit lui-même toutes les « scènes d'action » du film et eut l'idée d'utiliser sa main gauche (alors qu'il est droitier) pour écrire les lettres, ce qui leur donna un aspect quasi enfantin.

Résultat : une nomination au Golden Globe du meilleur acteur.

CHAPITRE 8

RETOURS ET DÉTOURS

Les choix de Johnny Depp à cette époque, s'ils étonnent par leur audace, intriguent par leurs points communs. Avec *Gilbert Grape*, il renoua avec un rôle de jeune homme perturbé par la mort accidentelle de ses parents et obligé de prendre sa vie en main. Non seulement la sienne mais celle de son entourage. Une étude psychanalytique révélerait peut-être pourquoi Johnny cherchait à jouer des rôles d'orphelins et pourquoi il éprouvait un tel besoin de s'occuper d'autrui. Avait-il des conflits personnels à régler? Des douleurs à surmonter? Et le cinéma l'aidait-il à affronter ses propres démons?...

Toujours est-il que le tournage de *Gilbert Grape* le renvoya à sa propre enfance, réveilla des douleurs en lui, fit remonter des souvenirs qu'il aurait aimé oublier, le perturba beaucoup et le fit pleurer aussi.

* * *

La publication aux États-Unis du roman de Peter Hedges, *Gilbert Grape* (*What's Eating Gilbert Grape*) fit sensation du fait de son histoire résolument novatrice et de son ton très acide.

Lorsqu'on demanda à l'auteur de résumer son livre, il le fit en ces termes:

« Gilbert Grape est coincé à Endora, il travaille dans l'épicerie locale et tout le monde est en demande face à lui: sa famille, ses amis, sa maîtresse. Une fille déboule alors dans la ville et le met face à tout ce qui est enfoui en lui.»

Ce que ne dit pas Hedges est qu'Endora est une petite ville paumée de l'Iowa ne comptant que 1091 habitants, que Gilbert est – depuis la mort de son père qui s'est suicidé dans la cave de sa maison – le chef d'une famille comptant notamment une mère obèse incapable de se déplacer et un frère attardé mental. Gilbert travaille effectivement à l'épicerie locale et passe ses rares moments de liberté avec ses copains mais aussi avec Mrs Carver, mariée et mère de famille, avec qui il a une liaison. Un jour, une fille du Michigan, Becky, débarque à Endora. L'univers de Gilbert commence à basculer…

Une histoire riche en personnages singuliers puisqu'on y relevait, entre autres, un jeune homme séduisant mais un peu paumé, un handicapé mental, une femme de poids, deux sœurs en opposition constante, une autre femme en mal d'amour, une touriste perdue et une grand-mère bricoleuse.

Le roman n'était en vente que depuis quelques jours quand Peter Hedges reçut un coup de téléphone d'un cinéaste atypique : Lasse Hallström. Ce Suédois avait réalisé son premier film à l'âge de dix ans puis, bien des années plus tard, s'était lancé dans le long métrage. En 1985, il attira l'attention du public international avec *Ma vie de chien* pour lequel il reçut une nomination à l'Oscar du meilleur réalisateur. Le film fit le tour du monde et Hallström se vit offrir des propositions de travail aux États-Unis. En 1991 il y tourna son premier film américain, *Ce cher intrus (Once Around)*, mais, depuis, était à la recherche d'histoires correspondant mieux à sa sensibilité. *Gilbert Grape* répondait exactement à cette attente. D'où son appel. Hedges fut ravi d'apprendre que son livre intéressait le Suédois.

«C'était une très bonne nouvelle, dit-il, parce que *Ma vie de chien* est un de mes films préférés. Je me suis rendu compte que Lasse pouvait amener beaucoup d'humanité à ces personnages, là où un autre réalisateur se serait moqué d'eux. Puis nous nous sommes rencontrés. Il a dit que la personne qui avait écrit ce livre devait absolument en écrire le scénario.»

Ainsi fut fait.

Lorsqu'il disposa d'un script construit, Hallström partit à la chasse aux acteurs. Pour le rôle principal, celui de Gilbert Grape, un nom s'imposa presque immédiatement : Johnny Depp.

«Gilbert est un observateur, analyse Hallström, il a un rôle réacteur dans le film. Johnny Depp était l'acteur parfait ; il a la sensibilité dont Gilbert Grape a besoin.»

D'emblée Johnny donna son accord et se passionna pour son personnage.

«Gilbert Grape a dû abandonner beaucoup de ses rêves à cause des circonstances, souligna-t-il. Il a une hostilité en lui qu'il ne peut pas exprimer en raison des devoirs et des responsabilités qu'il doit assumer pour sa famille. Pour être capable de se supporter tous les jours, il s'est rendu insensible à beaucoup de choses qui auraient pu le toucher.»

Quant au personnage clef de Becky, Hallström l'offrit à la jeune et talentueuse Juliette Lewis avec qui il souhaitait travailler depuis qu'il l'avait admirée dans *Les Nerfs à vif (Cape Fear)* de Martin Scorcese.

«Juliette à l'âme de Becky», expliqua le cinéaste.

Il continua sa quête et trouva Mary Steenburgen, détentrice d'un Oscar, pour incarner Betty Carver, femme d'un agent d'assurances qui trompe son ennui et son mari avec Gilbert.

Tous ces choix furent judicieux et, dans une certaine mesure, relativement faciles. Lasse Hallström est un grand cinéphile et sait où trouver les acteurs dont il a besoin. Pourtant, deux rôles importants lui posèrent problème.

Le premier concernait Momma, la mère de Gilbert. Elle pèse 250 kilos et ne peut pratiquement pas bouger de son fauteuil. Où trouver une actrice de ce poids ? Peter Hedges suggéra à Hallström de rencontrer Darlene Cates qui résidait au Texas. Il l'avait remarquée au cours d'une émission évoquant les obèses qui, du fait de leur corpulence, n'avaient pas quitté leur maison depuis plusieurs années. Darlene révéla d'ailleurs que sa venue sur ce plateau de télévision constituait sa première sortie depuis cinq ans. Le réalisateur partit à sa rencontre et découvrit une femme gaie et finalement bien dans sa peau. Il lui proposa le rôle, elle l'accepta avec enthousiasme car cela lui permettait de prendre la défense des obèses, même si elle se sentait assez peu de points communs avec Momma.

«Je pense qu'elle partage le sentiment de beaucoup d'obèses: qu'on est inacceptable, remarque-t-elle. Je suis heureuse de dire que ce n'est plus mon cas. J'ai trouvé que j'avais quelque chose à donner comme tout le monde. L'astuce, je pense, consiste à être patient et à attendre que Dieu vous révèle ce quelque chose.»

Le second personnage d'importance était Arnie, le jeune frère handicapé mental. Après avoir passé en revue bien des noms de jeunes acteurs plus ou moins connus, Lasse Hallström opta pour Leonardo Di Caprio, qui avait surtout travaillé pour la télévision. Les producteurs se firent un peu tirer l'oreille. Ils jugèrent Leonardo trop séduisant pour jouer un attardé, mais Lasse Hallström tint bon.

Sitôt son contrat signé, l'acteur parla longuement d'Arnie avec Lasse Hallström. Le cinéaste avait une idée très précise sur la façon d'aborder le rôle et lui conseilla de visionner de nombreux reportages sur les handicapés mentaux. Leonardo le fit avec passion.

«Quand j'ai commencé, se souvient-il, j'essayai d'engranger toutes les informations, les différents tics, certaines manières de bouger, des expressions du visage… Je me suis rendu compte qu'il y avait beaucoup de possibilités d'interprétation, je pouvais faire des milliers de choses.»

Par la suite, il se rendit dans des établissements spécialisés où il parla avec des médecins mais surtout avec des handicapés. Il les observa et sympathisa avec plusieurs d'entre eux.

***

Le tournage de *Gilbert Grape* eut lieu au Texas.

Lasse Hallström fut immédiatement impressionné par la précision du jeu de Johnny.

«Il fait passer tant de choses dans son regard, dit-il. Sa présence émotionnelle et sa sincérité se voient dans ses yeux. Il dépend entièrement de ses yeux pour exprimer des émotions complexes. Ça m'impressionne beaucoup… Johnny comprenait le personnage. Il avait grandi dans une petite ville et connaissait ce sentiment d'emprisonnement. Cela l'a aidé à interpréter le rôle. Il veut servir le réalisateur et l'histoire. Il veut comprendre et raconter l'histoire comme il faut. J'adore sa technique, sa sobriété, sa volonté de trouver une honnêteté et une émotion à chaque instant.»

Face à face se retrouvèrent deux jeunes acteurs: Johnny alors âgé de trente ans et Leonardo qui affichait dix-neuf ans. Le plus étonnant était qu'à les regarder, tous deux paraissaient bien plus jeunes.

Loin d'être tendues, leurs relations furent très amicales et tournèrent parfois au chahut. Les deux acteurs sont de la même race. Leonardo est lui aussi un enfant de la télévision. Et Johnny prône une façon de vivre qu'admirait déjà Di Caprio.

«Personne ne me dicte ce que je dois faire, a l'habitude d'affirmer Depp. Je prends mes décisions moi-même sans me préoccuper de ce que le public attend.»

Leonardo se sentit proche de Johnny qui, parce qu'il en connaissait tous les rouages et tous les pièges, était complètement sorti du système. Après avoir vécu Hollywood de l'intérieur, il l'observait de l'extérieur et son regard clairvoyant plut beaucoup au jeune Di Caprio.

De son coté, quand il vit son jeune partenaire pour la première fois, Johnny Depp comprit que derrière cette jeune vedette se cachait un authentique comédien ayant envie de vibrer d'émotion et non de réciter des textes sans queue ni tête. En choisissant successivement *Blessures secrètes* et *Gilbert Grape*,

Leonardo avait lui aussi prouvé qu'il refusait de céder à la célébrité. C'est pourquoi les deux acteurs s'entendirent si bien.

Leur complicité fut telle qu'ils n'arrêtaient pas de se faire des blagues. Le tournage ayant lieu dans une authentique ferme vouée à l'abandon, Depp s'amusait à fouiner pour dénicher toutes sortes de choses. À chaque découverte il demandait à Di Caprio de fermer les yeux, de renifler et d'essayer de deviner de quoi il s'agissait. C'étaient rarement des odeurs agréables : saucisses séchées, œufs pourris, rats crevés... À chaque fois Leonardo émettait un bruit incongru qui faisait hurler de rire son nouvel ami. Toutefois, le piégé finit par en avoir marre et, comme une boutade, lança à Johnny qu'il refusait de continuer à renifler à moins d'être payé. Ne se démontant nullement, Depp lui donna cinq cents dollars avant de lui placer un autre objet sous le nez !...

Tous deux s'amusèrent également à demander à Lasse Hallström de leur apprendre le suédois. Si Johnny éprouva des difficultés à retenir ce difficile langage (finalement il ne se souvint que d'une phrase !), Leonardo, lui, montra plus de disponibilités du fait qu'il pratiquait déjà l'allemand.

Pour autant le tournage ne fut pas qu'une accumulation de chahuts. Johnny et Leonardo avaient des rôles très difficiles à défendre et ils ne pouvaient se permettre le moindre écart. De plus, toute la situation vécue par Gilbert Grape rappelait à Johnny sa propre enfance, des souvenirs qu'il aurait préféré oublier.

Certains moments du tournage lui furent douloureux. À la fin de chaque scène où il devait se moquer du personnage incarné par Darlene Cates, il revenait vers la comédienne et s'excusait auprès d'elle : « Je voudrais que tu saches combien je déteste toutes ces choses que mon personnage est obligé de dire ».

Lasse Hallström remarqua le trouble de son acteur :

« J'ai vu qu'il était un peu déprimé. Il s'isolait, se mêlait moins aux autres. »

Et lorsqu'il devait justifier son comportement, Johnny répondait à coté, par une sorte de boutade destinée à masquer sa pudeur et ses propres tourments :

« Ce qui me turlupinait sur *Gilbert Grape,* c'est que je ne voyais pas le but, je ne voyais pas de quoi on parlait. Je ne savais pas du tout ce qu'on faisait. »

Comme il en avait l'habitude, Lasse Hallström fit de *Gilbert Grape* un film à la fois tendre, bouleversant et sympathique.

« Tous mes films ont pour ambition d'être vraisemblables, déclara-t-il. Si on veut imiter la vie, on doit mélanger tragédie et comédie parce que la vie est dramatique et comique à la fois. »

Et d'ajouter :

« Les gens ont très envie qu'on leur parle de personnages qu'ils pourraient connaître ou qu'ils pourraient être eux-mêmes. Cette histoire raconte comment accepter une famille ; ce sont des gens vrais, hors du commun. »

Gilbert Grape obtint un formidable succès critique. De nombreux chroniqueurs saluèrent la performance tout en nuance de Johnny Depp, et le jeu très crédible de Leonardo Di Caprio. Nettement plus célèbre, le premier eut droit à la couverture des plus importants magazines américains où chacun saluait sa farouche volonté de se tenir à l'écart du star-system hollywoodien. Pourtant, quand sonna l'heure des récompenses, ce fut bel et bien Di Caprio qui rafla tout, obtenant même une nomination pour l'Oscar du second rôle. Heureusement, Johnny n'en nourrit aucune jalousie et fut, au contraire, ravi pour son ami qui figura parmi les plus jeunes nominés de la grande histoire des Oscars.

Finalement, l'un des rares à refuser de voir *Gilbert Grape* fut Johnny Depp lui-même. Le tournage avait remué trop de souvenirs personnels en lui, le renvoyant à sa propre enfance. Et il savait que tout cela remonterait à la surface rien qu'en allant voir le film…

* * *

Johnny allait de plus en plus loin dans son métier d'acteur. Mais il n'en oubliait pas ses premières amours, à savoir la musique. Plus question d'envisager faire une carrière de musicien, même s'il continuait de composer des morceaux et de les enregistrer au milieu d'une bande de copains. Mais il pouvait rester proche de la musique. Dans ce but, il acheta pour 350 000 dollars – en collaboration avec Chuck E.Weiss, un musicien connu pour son passé de « rebelle » – un local à Los Angeles, une ancienne boîte de nuit sise au 8852 Sunset Boulevard, qu'il transforma en une espèce de club à l'américaine, c'est-à-dire en un lieu où les artistes pourraient se produire et les clients les écouter en s'amusant et en dégustant diverses boissons. Il le nomma The Viper Room.

« Mon but était simplement de créer, à Hollywood, un lieu de rendez-vous pour ceux qui, comme moi, ne portent pas cette ville dans leur cœur, expliqua-t-il. Un endroit un peu à part où l'on puisse écouter toutes sortes de musiques et qui échappe aux règles du business et aux mondanités. Un îlot de résistance, si vous voulez ! »

Ce local avait autrefois appartenu à Bugsy Siegel, célèbre membre de la mafia.

The Viper Room acquit une soudaine notoriété en raison d'un fait divers tragique. Le 30 octobre 1993, le jeune comédien River Phœnix, vu dans *Indiana Jones*, décida d'aller y applaudir un groupe qu'il appréciait. Il se rendit dans l'établissement en compagnie de Samantha Mathis, de sa sœur Rain et de son frère Joaquim, lui aussi acteur. Après deux heures de spectacle, vers une heure du matin, River souffrit de problèmes de respiration. Son entourage le poussa à sortir pour respirer un peu d'air frais. Là, River tomba à terre, victime de terribles convulsions. Une ambulance fut appelée. Le jeune homme fut amené à l'hôpital. Mais les médecins ne purent rien faire. À 1 h 51, River Phœnix décéda à l'âge de vingt-trois ans. Un accident ? Sans aucun doute. Mais les causes de la mort furent troublantes : attaque cardiaque due à l'absorption d'une drogue. Du coup les médias se déchaînèrent contre The Viper Room et s'en prirent même à son propriétaire qui, bien entendu, n'avait strictement rien à voir dans ce décès.

« Il n'y a aucun moyen de lutter contre la bête médiatique, souligna Johnny Depp. La seule arme ? Le silence. Et lui faire un bras d'honneur ! »

En guise d'hommage, Johnny et le personnel de The Viper Room fermèrent l'établissement durant deux semaines et apposèrent une grande plaque à côté de l'entrée : « Avec respect et amour pour River et sa famille. Nos sincères condoléances pour toute sa famille, ses amis, et ceux qui l'aiment. Il va nous manquer. »

Par la suite, Johnny resta extrêmement vigilant pour interdire la drogue dans l'enceinte de son établissement, et licencia sur-le-champ deux employés, surpris en train de préparer de la cocaïne dans les toilettes. En avril 2001, il confia la direction du Viper Room à son ami d'enfance Sal Jenco.

* * *

Il n'en avait pourtant pas pas fini avec la presse. En avril 1993, celle-ci annonça sa séparation d'avec Winona Ryder. Une fois de plus s'amusèrent les observateurs, tant il est vrai que depuis des années, chaque tournage était, pour certains, le signe d'une séparation définitive. N'avait-on pas successivement, et stupidement, « fiancé » Winona à Daniel Day-Lewis, son partenaire du *Temps de l'innocence*, à Gary Oldman avec qui elle avait joué dans *Dracula* et même à David Pirner, chanteur du groupe rock Soul Asylum ? Les ragots n'avaient cessé de courir depuis leurs fiançailles, d'autant que ces deux jeunes acteurs étaient de plus en plus en vue, du fait de l'importance de leurs films. Winona, par exemple, avait encore grimpé quelques échelons en jouant dans le *Dracula* de Francis Ford Coppola, un film dont elle était d'ailleurs à l'origine. Depp et Ryder n'étaient plus des graines de stars mais bien des jeunes stars.

Cette fois, pourtant, fut la bonne, si l'on peut dire. La rupture fut officialisée, même si aucune des deux personnes concernées ne voulut faire le moindre commentaire. Ce qui n'empêcha pas les magazines avides de potins de publier des remarques en tout genre. Et encore moins d'attribuer de trop nombreuses liaisons à mister Depp. L'actrice Juliette Lewis, le top-model Tatjana Patitz, une certaine Nina Huang Peterson eurent droit à des pleines pages pour cause de s'être trouvées à un moment trop près de la star. Aux yeux des médias, Johnny, qui refusait véhémentement son titre de sex-symbol, était devenu le nouveau tombeur hollywoodien. Il était pourtant loin des préoccupations d'un Warren Beatty.

Quant à la rupture entre Winona et Johnny, ni l'un ni l'autre ne surent l'expliquer vraiment. C'était, selon eux, une « suite logique ». Ils s'étaient aimés, compris au-delà de toute espérance mais ils avaient fini par ne plus être indispensables l'un à l'autre. Aucune haine derrière cela, mais beaucoup de regrets. La jeune femme eut beaucoup de mal à se remettre de cette séparation et le jeune homme se montra irritable pendant un temps certain. Mais, comme le voulait la formule consacrée, ils restaient « bons amis »...

Chapitre 9

LE MEILLEUR DU PIRE

Edward Davis Wood fut, un peu abusivement, qualifié de « plus mauvais cinéaste de tous les temps ». Oui c'est abusif, car si ce monsieur était un piètre réalisateur, il était doté d'une sacrée imagination, ceci compensant cela. De plus, certains de ces films dégagent une poésie au énième degré et un humour souvent involontaire qui les rendent, parfois, sympathiques.

Ce natif de Ploughkeespie (New York) eut une activité aussi précoce qu'abondante. Dès l'âge de onze ans, après avoir digéré un nombre considérable de films de série B pour ne pas dire de série Z, il empoigna sa première camera seize millimètres et se mit à filmer des courts métrages. À dix-sept ans, sans changer de cap, il alla faire un tour par la Marine et participa à la campagne du Pacifique d'où il revint avec de nombreuses décorations dont le Silver Star et le Purple Heart. Le spectacle ne cessant de l'attirer, il se mit à écrire une pièce qu'il réussit à mettre en scène et à interpréter dans une obscure salle d'un quartier isolé d'Hollywood. Persévérant pour les uns, obtus pour les autres, il passa à la réalisation en 1948, à seulement vingt-quatre ans. Ce fut *Crossroads of Laredo*, un effroyable western dans lequel il se réserva le rôle principal. Ce fut surtout le point de départ d'une assez longue carrière, tant comme réalisateur que comme acteur. Il travailla même pendant quelques mois chez Universal où il se lia d'amitié avec Tony Curtis. Jamais à court d'idées, Edward multiplia les projets et les pseudonymes : Daniel Davis, Edward Davis, Flint Hollyday, Peter LaRoche, Larry Lee, Don Miller, Adkon Telmig, Dick Trent, Jason Nichols, John Quinn, David L. Westermier, etc.

L'un des tournants les plus décisifs de son parcours fut sa rencontre avec George Weiss, producteur spécialisé dans les très petits budgets à base de violence, de sexe, de drogue et de prostitution. *Glen or Glenda* est considéré comme le premier « film d'auteur » d'Ed Wood. Une fausse enquête policière qui débouche sur une étrange histoire d'amour à base de travestissement. D'ailleurs, Wood espérait confier le rôle principal à Christine Jorgensen, célèbre transsexuel des années 50 mais celui-ci refusa. Du coup, Wood lui-même joua les deux rôles de Glen et de Glenda, en profitant pour introduire dans le film de nombreux éléments de sa vie privée et de ses relations avec l'actrice Dolores Fuller.

Cette œuvre lui permit également de diriger pour la première fois Bela Lugosi, ex-star du cinéma fantastique, très nettement sur le déclin. Car, et c'est l'une des particularités de Wood, il avait tous les culots pour contacter des célébrités ou prétendues telles et avait fini par s'adjoindre un groupe de fidèles parmi lesquels, outre Lugosi, l'ex-lutteur suédois Tor Johnson, le richissime et excentrique Bunny Brekinridge, ainsi que divers acteurs de composition plus ou moins obscurs dont Lyle Talbot, Tom Keene, Duke Moore, Kenne Duncan...

Bien que *Glen or Glenda* ne remportât quasiment aucun succès et énervât George Weiss, habitué à produire des films d'un tout autre style, Ed Wood persévéra. Sa force, outre son sens de la débrouillardise, résidait dans la petitesse de ses budgets. Pour *Glen or Glenda*, il ne paya Bela Lugosi que mille dollars ; il n'en versa que deux cents à Vampira, célébrité du petit écran, pour *Plan 9 from Outer Space*. La plupart de ses films coûtèrent moins de 20 000 dollars, c'est-à-dire pratiquement rien au regard des grosses productions hollywoodiennes.

Réalisateur, scénariste, producteur, acteur, écrivain, Ed Wood essayait tout, tout le temps, partout, mais rarement avec succès. De 1966 à 1977, il consacra l'essentiel de son énergie à la littérature et au cinéma érotiques mais cela ne lui réussit pas beaucoup plus.

Renié par beaucoup, rejeté par Hollywood qui n'apprécia plus ses manières, poursuivi par les créanciers, Ed Wood termina sa vie dans un état proche de la misère. Il noya ses dernières illusions dans l'alcool et laissa s'envoler le peu d'éclat qui, autrefois, avait caractérisé son charme.

Trois jours après avoir été chassé d'un sordide meublé qu'il ne payait plus, Edward Wood s'éteignit le 7 décembre 1978 à l'âge de cinquante-quatre ans...

De sa filmographie peu banale, on retiendra surtout *Plan 9 from Outer Space*, film de science-fiction particulièrement fauché.

* * *

Ed Wood n'était pas un génie méconnu. Il n'était même pas admirable. C'était un courageux, certes, mais un raté. Un homme qui refusait de voir la réalité et se réfugiait dans ses propres mensonges. Un de ces êtres qui n'avaient strictement aucun talent propre pour devenir artiste mais qui, finalement, construisit une « œuvre » comme le font les peintres du dimanche et les bricoleurs échafaudant des « sculptures » avec des bouts de ficelle. Et pourtant par son entêtement, par ses contradictions, par son évident manque de goût, par son refus d'appliquer les règles cinématographiques les plus essentielles, Ed Wood avait quelque chose de fascinant. Mais de la à en faire le personnage central d'un film…

Il fallait un Tim Burton pour oser un tel pari.

« J'ai découvert Ed Wood enfant, en voyant *Plan 9 from Outer Space* à la télévision, raconta-t-il. On diffusait alors régulièrement ses films, que je regardais, comme tout le monde, avec un mélange de stupeur et d'effarement. Plus tard, j'ai compris qu'au-delà de leur apparente nullité, ils recelaient une vraie poésie. Ed ne se souciait pas de la médiocrité de ses décors ou de ses effets spéciaux ; il restait fidèle à son inspiration personnelle. On ne peut qu'être ému par quelqu'un qui fait ce qu'il aime, et qui arrive à garder son élan, son optimisme, en dépit de tous les revers. La médiocrité est à la portée de tout un chacun mais être étiqueté « plus mauvais réalisateur de tous les temps » est un exploit ! »

L'idée première ne vint pourtant pas de Burton mais de deux scénaristes, Scott Alexander et Larry Karaszewski, qui la lancèrent alors qu'ils étaient étudiants à l'University of Southern California.

« La candeur d'Ed Wood, sa personnalité haute en couleur, son culot et sa détermination nous fascinèrent, souligna Alexander. L'homme était bourré de contradictions. Bien que peu doué, il croyait passionnément à son art et possédait un charisme remarquable qui lui permettaient d'entraîner dans son sillage une incroyable bande de barjots. Nous avions travaillé à d'autres projets après l'université mais nous avons toujours gardé pour celui-ci une affection toute particulière. »

En 1993, leur projet atterrit entre les mains de Tim Burton. Il était un des rares cinéastes à Hollywood à connaître vraiment la carrière d'Ed Wood et à en comprendre certains de ses aspects, dont sa rencontre avec Bela Lugosi. Burton aussi avait été fasciné par une autre gloire du cinéma fantastique, Vincent Price, qu'il avait réussi à diriger dans *Edward aux mains d'argent*.

« Rencontrer Vincent eut sur moi un profond impact, raconta-t-il, et j'imagine qu'Ed Wood vécut la même expérience avec Bela Lugosi. C'est un de nos points communs. Je me sens également très proche de la mentalité d'Ed. Il éprouvait une telle passion pour son métier qu'il se moquait de l'opinion d'autrui. Les gens tournaient en dérision ses films, son travestisme, mais lui s'en fichait. »

Tim Burton demanda aux deux scénaristes de ne pas écrire une biographie complète d'Ed Wood, mais de se concentrer sur la période la plus heureuse et la plus féconde de sa vie, à savoir sa rencontre et son amitié avec Bela Lugosi, les tournages de *Glen or Glenda, Bride of the Monster* et de *Plan 9 from Outer Space*.

Quand il eut le scénario en main, soutenu par sa productrice Denise Di Novi, il contacta Johnny Depp. Il était, à leurs yeux, le seul acteur capable non seulement de restituer le charisme de Wood, mais aussi d'accepter de jouer des scènes de travesti le plus sérieusement du monde.

« Johnny possède le charme et l'élégance d'Ed, remarqua Denise Di Novi. C'est un acteur qui prend des risques, qui aborde volontiers des personnages hors du commun et les traite avec toute la considération qu'ils méritent. »

L'acteur se souviendra longtemps de sa rencontre avec cet alléchant projet.

« Tim m'a appelé chez moi un beau jour et m'a demandé de le rencontrer d'urgence, rapporta-t-il. J'ai trouvé ce projet fascinant et lui ai donné mon accord sur-le-champ. Je connaissais déjà les films d'Ed Wood et je savais que Tim était le mieux placé pour raconter son histoire. »

Dès lors, commença le processus concernant, pour le comédien, à se transformer en Ed Wood.

« Je me suis essentiellement appuyé sur une documentation écrite, rapporta Johnny, car il y a peu d'images d'Ed Wood. J'ai lu tout ce qu'on peut trouver sur lui, j'ai visionné à plusieurs reprises ses principaux films et j'ai tenté de capter les diverses facettes de sa personnalité… J'ai voulu montrer en lui un personnage extraordinairement optimiste et innocent en même temps qu'un brillant homme de spectacle et un réalisateur passionné. Le cinéma était toute sa vie. Ed Wood prenait des risques et faisait toujours exactement ce qu'il souhaitait. Il se donnait à fond et sut inventer des images surréalistes qui frôlent parfois le génie. Ses films ne ressemblent à aucun autre, ils sont d'une totale authenticité. Ed a inspiré, à sa manière, bien des réalisateurs actuels. Certains voient en lui le parrain du cinéma indépendant. Je refuse de lui accoler l'étiquette de « plus mauvais metteur en scène de l'histoire du cinéma ». Je pense qu'il a fait de son mieux dans des conditions extrêmement précaires et j'aimerais que ses films soient perçus comme l'œuvre d'un véritable artiste. »

Restait à résoudre le problème du travestissement. Nombre d'acteurs, y compris des plus célèbres, auraient reculé face à cette difficulté. Car il fallait travestir Ed Wood sans se moquer de lui. En faisant, au contraire, passer son émotion et son besoin viscéral de se travestir. Le thème du travestissement occupe d'ailleurs une place de choix dans l'ensemble de son œuvre, à côté de thèmes moins prédominants mais bien présents tels la nécrophilie, le voyeurisme, le sadisme, la bestialité, l'inceste, la nymphomanie et l'homosexualité.

« Je n'ai pas eu peur de me déguiser en femme, expliqua Johnny Depp. Je considérais cela comme une gageure de plus. J'en ressens, aujourd'hui, un respect accru pour les femmes, autant que pour les travestis. En fait, je pense qu'Ed se déguisait par amour pour les femmes et pour être encore plus proche d'elles. »

Tim Burton, de son côté, se révéla plus hésitant.

« J'étais un peu angoissé à l'idée de montrer Ed en femme, confia-t-il. Les travestis sont fréquemment tournés en ridicule, mais Johnny est tellement crédible qu'il réussit à garder son allure même dans ces scènes ! »

Pour rendre naturel ce travestissement, Depp n'attendit pas le dernier moment. Beaucoup s'en faut. En fait, la première fois qu'il s'habilla en femme ce fut tout seul, dans son coin. Plus exactement dans une chambre du très select Hôtel Ritz, à Paris, où il se trouvait pour la promotion de *Benny & Joon*. Il se vêtit d'un jupon et enfila des talons hauts. Puis il appela le room service pour commander un café. À voir la réaction du serveur, dont la mâchoire faillit se décrocher, Johnny se dit qu'il était sur la bonne voie.

* * *

Autour de Johnny, Tim Burton plaça des partenaires de premier choix. À commencer par Martin Landau qui, dans une certaine mesure, partageait des points communs avec la jeune star puisque lui aussi avait connu la célébrité grâce à une série télévisée *(Mission Impossible)*.

« J'ai beaucoup aimé tourner avec Johnny, rapporta Landau. Chaque nouvelle scène est un bon match de tennis. On ne sait pas d'où viendra la balle, ça vous rend vigilant, vous tient en éveil. Il y a quelque chose d'authentique et de sincère chez lui. C'est une joie de travailler et d'être avec lui. C'est une vieille âme, il a la sagesse des anciens. Il doit être le cauchemar des agents car il ne pense pas en terme de rentabilité. »

Johnny et Martin eurent la lourde tâche de rendre crédible et même palpable la profonde amitié qui liait Ed Wood à Bela Lugosi ainsi que l'admiration que le premier nourrissait pour cette ancienne gloire d'un certain cinéma.

« Leur rapport était si étroit que je craignais un peu de forcer la note, souligna Depp. Mais le travail avec Martin s'est révélé extraordinairement facile.

Chacune de nos scènes prenait vie comme par magie. Tout ce que je ressentais pour lui devenait sincère et authentique. »

De son côté, Landau précisa :

« Dans *Ed Wood*, Johnny est successivement mon père, mon fils, mon frère… Pour qu'une telle relation passe à l'écran, il faut qu'elle corresponde à quelque chose de réel. Et, dans la vie, Johnny et moi, on s'aime beaucoup, on se touche, tout ça ! Une amitié véritable… Attention, rien de sexuel, hein ! Et c'est totalement le sujet du film. Exactement comme au tennis : vous jouez mieux avec un bon partenaire. »

Le côté féminin de la distribution fut notamment assuré par les charmantes Patricia Arquette, Sarah Jessica Parker, Lisa Marie…

Tim Burton débuta son tournage le 5 août 1993 et le termina le 17 novembre. Contrairement à tous les usages en vogue à Hollywood, il filma en noir et blanc.

« C'est ainsi que j'ai découvert ces personnages, se justifia-t-il, et c'est encore ainsi que je me les représente aujourd'hui. On n'imagine pas Bela Lugosi en Technicolor ! »

Burton filma également beaucoup de scènes en hommage à Orson Welles et imagina même une rencontre fictive entre Welles et Wood.

Durant toutes ces semaines, Johnny Depp se passionna pour son rôle dont il ne cessa de découvrir de nouvelles subtilités. Quand on l'interrogeait sur sa conception du personnage, il répondait qu'il l'imaginait comme un mélange de Ronald Reagan et de l'homme de fer du *Magicien d'Oz* !

Quand *Ed Wood* fut terminé, certains observateurs relevèrent qu'à lui seul le générique du film avait coûté plus qu'un film d'Ed Wood et que, globalement, l'ensemble du budget du film de Burton (dix-huit millions de dollars) avait coûté plus que tous les films de Wood réunis !

L'œuvre de Tim sortit sur les écrans américains en septembre 1996. Même si son succès public ne fut pas gigantesque, son impact fut considérable. Non seulement une large frange de la critique loua ses qualités et salua l'hommage que Burton rendait indirectement au cinéma de série B mais, pour beaucoup, *Ed Wood* devint un véritable film culte.

Bien entendu, Johnny Depp eut droit à sa part de lauriers. L'impeccable qualité de son jeu fut remarquée. Pourtant force est de reconnaître que, sur le plan des récompenses internationales, Martin Landau fut encore plus fêté. Si Johnny récolta une nouvelle nomination au Golden Globe du meilleur acteur, son partenaire gagna le Golden Globe du meilleur second rôle ainsi qu'un Oscar !

Il n'en demeure pas moins que pour longtemps encore le nom d'Ed Wood restera associé à celui de Johnny Depp.

* * *

Clin d'œil indirect à ce film : sept mois après sa sortie, Johnny Depp acheta The Castle, la maison qu'avait habité Bela Lugosi. Située dans un immense parc, non loin du Sunset Strip, elle avait notamment servi de cadre pour le tournage de certaines séquences du *Magicien d'Oz*. Il est vrai que son architecture incroyable en faisait une véritable attraction. Ce qui séduisit Johnny, qui prit possession des lieux dans l'espoir d'y trouver le fantôme de Lugosi… ou de qui que ce soit d'autre !

CHAPITRE 10

LÉGENDES

Rencontrer Marlon Brando n'était pas donné à tout le monde, tant ce monstre sacré se cachait dans sa retraite tahitienne ou dans sa demeure californienne. Travailler avec lui était encore plus rare, car cet acteur adulé ne cessait d'affirmer qu'il détestait le cinéma et rejetait en vrac tous les projets qu'on lui proposait. Pourtant, Johnny Depp compta parmi les privilégiés à avoir donné la réplique à l'interprète de *Sur les quais (On the Waterfront)* et *Le Parrain (The Godfather)*. De plus, à cette occasion, il retrouva Faye Dunaway, sa partenaire *d'Arizona Dream*.

« C'est terriblement excitant de travailler avec Marlon et Faye, déclara-t-il. Ils ont une longue et incroyable carrière et ce fut un privilège de jouer avec eux et d'apprendre à leurs côtés. »

En fait, ce fut Johnny qui conseilla au réalisateur Jeremy Leven de tenter sa chance auprès de la star recluse.

« Je savais que Johnny voulait le rôle, à la condition que Brando interprète le psychiatre, raconta Leven. J'ai alors pensé que le projet était à l'eau. Mais j'ai reçu un choc en apprenant que Brando était aussi intéressé. »

La surprise fut d'autant plus grande qu'il s'agissait du premier film de Jeremy Leven, connu jusqu'alors comme scénariste et romancier. Mais tout s'explique mieux lorsque l'on sait que le producteur n'était autre que Francis Ford Coppola, illustre réalisateur du *Parrain*...

Sur le plateau, les admirations furent mutuelles. Faye prit plaisir à renouer avec ce jeune comédien dont elle appréciait la sensibilité et le savoir-faire.

« Il possède un talent incroyable, écrit-elle dans ses Mémoires, et je pense qu'il est le digne successeur de Brando. Johnny et moi sommes sur la même longueur d'onde, artistique et émotionnelle. »

La comédienne précisa par ailleurs :

«Il est indéfinissable, on ne sait pas qui il est. Il a toujours suivi son chemin. Il a suivi la voie de l'artiste. Johnny est un artiste. »

Quant à la rencontre entre Brando et Depp, elle se fit de la meilleure manière possible. Bien sûr, en vieux lion du cinéma, Marlon ne se laissait pas facilement approcher et, d'un simple coup de griffe, pouvait envoyer paître n'importe qui n'importe quand. Il laissa donc son partenaire venir à lui, l'observa, le jaugea et… l'apprécia.

« J'étais terrifié à l'idée de rencontrer Brando, confia Johnny. Pas seulement parce que c'est l'un des plus grands acteurs des deux derniers siècles, mais parce que, comme tout le monde, j'étais victime du mythe. Mais dès les deux premières secondes il m'a dit «hey», je lui ai dit « hey » et ça y était ! »

Il faut dire qu'ils avaient au moins un point en commun : la défense de la cause indienne. Depuis des décennies, Marlon s'était investi, à bien des niveaux, pour venir en aide à ceux qu'il appelle ses « frères », allant même jusqu'à envoyer une Indienne chercher son Oscar à sa place. Il savait aussi reconnaître la sincérité parmi les prétendus partisans de l'identité indienne. Beaucoup brandissent cet étendard pour satisfaire une ambition ou se faire une clientèle. Pas Johnny Depp. Et cela, Marlon le comprit d'emblée. Du coup, ils évoquèrent fréquemment ce sujet, oubliant de parler du film qui les réunissait.

Celui-ci portait pour titre *Don Juan DeMarco*. Ce nom était celui que s'était donné un jeune homme qui s'affirmait « le plus grand séducteur de tous les temps ». Mais ce nouveau Don Juan est perturbé car son unique amour, Dona Ana, se refuse à lui. Du coup, il se rapproche d'un psychiatre qui en a vu d'autres.

Derrière cet apparent affrontement se cache une histoire tout entière vouée à la femme.

« J'ai toujours voulu faire un film autour des femmes, de l'amour, du sexe et du romantisme, confia le réalisateur Jeremy Leven. En effectuant des recherches sur les adaptations cinématographiques de Don Juan, j'ai découvert un exemplaire du Don Juan de Lord Byron, immense épopée encombrée de lourdes considérations politiques, mais qui contient aussi des scènes sublimes, dont je me suis librement inspiré pour *Don Juan DeMarco*. »

À partir de là, Leven construisit un affrontement entre le psychiatre Jack Mikler et cet étrange personnage qui se vante de ses conquêtes féminines ; rôle qui échut à Johnny Depp.

« Don Juan, tel que Johnny Depp l'interprète, est un homme passionnément amoureux de l'amour, souligna le cinéaste. Il n'importe guère de savoir s'il fabule, délire ou simule. Seul compte l'effet de son récit sur Mikler… À la fin, Don Juan a transmis sa passion à Jack et à tous ceux qu'il a croisés. C'est le véritable sujet du film. »

Un sujet qui séduisit Johnny.

« Le script de Jeremy est brillant et d'une qualité poétique rare, expliqua-t-il. La difficulté pour moi était de créer un personnage qui soit attachant en dépit de sa suffisance et qui possède une personnalité très affirmée tout en semblant complètement désorienté. »

Après Chaplin et Keaton pour ses prestations précédentes, l'acteur s'inspira cette fois d'Errol Flynn, grand séducteur hollywoodien et immortel Robin des Bois, pour échafauder son personnage. Par contre, pour parfaire son accent aux intonations espagnoles, il regarda de nombreux épisodes de la série *L'Île fantastique* et s'inspira de Ricardo Montalban.

Malheureusement, ce *Don Juan DeMarco*, jugé un peu trop bavard fut diversement apprécié par la critique et par le public. Pour certains, le film ne tenait pas les promesses de sa brillante affiche. Le résultat mondial fut, finalement, assez moyen avec une recette totale de 66 millions de dollars (pour un budget de 25) et seulement un peu plus de 500 000 spectateurs en France.

Pour Johnny Depp, l'accueil du film ne pouvait en rien changer un fait de première importance : sa rencontre avec Marlon Brando. Grâce à ce film, les deux hommes avaient tissé des liens très forts qui allaient s'avérer très utiles dans un proche avenir…

* * *

Si la cause indienne avait été au cœur des discussions entre Marlon et Johnny, elle fut au cœur du film suivant auquel participa Depp : *Dead Man*.

Comme la plupart des productions auxquelles il avait participé, celle-là était signée par un auteur doté d'une forte personnalité et d'un univers très personnel, Jim Jarmusch. Ce dernier résuma sa nouvelle œuvre en ces termes :

« *Dead Man* raconte le voyage d'un jeune homme, Bill Blake, jusqu'aux confins de l'Ouest américain dans la deuxième moitié du XIXe siècle. Englué dans une succession d'aventures, Bill Blake devient, malgré lui, un hors-la-loi traqué, un tueur, un être dont l'existence physique s'évanouit peu à peu. Gravement blessé, il croise sur sa route Nobody, un Amérindien lettré rejeté des siens, qui l'identifie d'emblée à son homonyme défunt, le poète anglais William Blake, et décide l'accompagner. Plongé dans un monde cruel et chaotique, souvent burlesque, Bill Blake ouvre les yeux sur la fragilité du royaume des vivants ; alors il peut passer de l'autre côté du miroir… »

Jim Jarmusch donna à son film les apparences d'un western. Mais les apparences seulement.

« Le western est un genre très ouvert à la métaphore, remarqua-t-il, et il a des racines profondes dans les formes narratives classiques. Les westerns racontent très souvent l'histoire d'un voyage dans des terres inconnues ; ils sont aussi souvent construits autour de thèmes très traditionnels comme le châtiment, la rédemption ou la tragédie. Je dois cependant admettre que *Dead Man* n'est pas un western traditionnel, le genre n'ayant été qu'un point de départ. »

De fait, en dépit de la présence de Robert Mitchum au générique et de l'hommage rendu à Lee Marvin (à travers les deux shérifs prénommés Lee et Marvin), ceux qui s'attendaient à voir de grandes chevauchées, des fusillades et des règlements de compte en furent pour leurs frais. Comme son titre l'indiquait, *Dead Man* était un film sur la mort, ce que ne cacha jamais son auteur.

« La mort est la seule certitude de la vie, dit-il. C'est aussi son plus grand mystère. Pour William Blake, le voyage de *Dead Man* représente la vie. Pour Nobody, le voyage est une cérémonie permanente qui a pour but de libérer Blake et de le ramener à la vie spirituelle. Pour lui, l'esprit de Blake a été mal orienté. »

Au final, Jim Jarmusch proposa moins un authentique western qu'un voyage mystique et poétique. Une œuvre volontairement floue, dans le bon sens du terme, dans laquelle même le personnage central paraît indéfinissable. Une dénonciation d'une certaine Amérique aussi, aveuglée par son industrialisation et sa course au profit jusqu'à en oublier ses propres racines.

Tous ces propos ne pouvaient qu'enthousiasmer Johnny Depp désireux d'entrer dans des univers susceptibles de l'amener à réfléchir et d'apporter des réponses à quelques-unes de ses innombrables questions.

« Je connais Johnny depuis cinq ans, confia Jim Jarmusch, et ça doit bien faire quatre ans qu'il me tanne pour qu'on travaille ensemble. Un jour, je lui ai vaguement parlé de l'histoire de *Dead Man* et il m'a dit : « Super, écris-la, on la tourne ! »... »

En disant cela, Depp ne savait pas qu'il allait faire la connaissance de Mitchum. Un monument au sein du cinéma hollywoodien. L'un des rares acteurs à n'avoir jamais eu la langue dans sa poche, à n'avoir jamais caché son penchant pour l'alcool et même à avoir fait de la prison sans que tout cela ne nuise jamais à son statut de star. Hélas, le Robert était peu bavard et Johnny eut un peu de mal à établir le contact.

Dead Man fut présenté au Festival de Cannes 1995 (dans lequel figura également *Ed Wood*) mais n'en ressortit sans aucun prix. Il faut dire que son ton était un peu austère, ce que résuma parfaitement le critique français Gérard Lenne :

« Cette longue pérégrination à travers forêts et montagnes, filmée dans un noir et blanc tranché ne manque pas de qualités esthétiques. Les dialogues parcimonieux attestent toujours l'humour mi-figue mi-raisin de Jim Jarmusch. Malheureusement, le cinéaste se heurte ici à un grave problème de rythme : la lenteur du périple confine à l'immobilité, nos deux lascars donnent l'impression de tourner en rond, à l'instar des Dupondt dans le désert de *Au pays de l'or noir*. À force de se distancier, les émotions se congèlent : ni l'amitié de William et Nobody, ni les dangers constants qui les guettent ne nous touchent vraiment. »

À trop s'orienter vers des films d'auteurs, au sens le plus intimiste du terme, Johnny Depp risquait de se couper d'une partie du public et d'errer dans les zones obscures du cinéma hollywoodien. Mais il allait prouver qu'il pouvait rebondir dans bien des domaines et continuer d'occuper une place de choix dans les magazines et dans l'actualité cinématographiques.

* * *

Côté vie privée, les choses s'étaient calmées. Enfin si l'on peut dire car l'annonce de nouvelles « fiançailles » n'avait en rien refroidi les velléités d'une certaine presse. Car la nouvelle compagne de Johnny n'était pas une inconnue. Il s'agissait de Kate Moss, l'un des top-models les plus en vue du moment dont la minceur, presque exagérée, lui avait valu le surnom peu flatteur de « la brindille ». Égérie de Calvin Klein, elle avait enchaîné les publicités de prestige et avait acquis la célébrité.

Ils s'étaient rencontrés en janvier 1994 dans le restaurant Bar-Tabac à New York. Le plus naturellement du monde : Kate Moss était à table avec quelques amis, non loin de là se trouvait Johnny. Il reconnut un ami personnel dans le groupe de Kate. Lequel l'invita à les rejoindre pour boire un verre. Première rencontre qui déboucha sur un premier rendez-vous et ainsi de suite. Ils s'étaient plu et s'étaient unis. Une histoire comme une autre. À ce petit détail près que les deux tourtereaux comptaient parmi les cibles favorites des médias – qui ne manquèrent pas de souligner que Kate était de onze ans la cadette de Johnny. La traque reprit de plus belle…

Johnny Depp et Vanessa Paradis à la première de *Finding Neverland*, à l'Odéon de Londres. Octobre 2004.
© Hahn-Khayat/ABACA/Dukas

Les Griffes de la Nuit (A Nightmare On Elm Street), 1984.
© R.Shaye/S.Risher

Cry Baby, 1989. © Universal

Platoon, 1986. © Orion Pictures

Edward aux mains d'argent (Edward Scissorhands), 1990.
© D. Di Novi/T. Burton

Edward aux mains d'argent (Edward Scissorhands), 1990. © D. Di Novi/T. Burton

Arizona Dream, 1992. © Lazic/Sipa/Dukas

Arizona Dream, 1992. © UGC/Constellation

Benny & Joon, 1992. © S. Arnold/P.Roth

Gilbert Grape (What's Eating Gilbert Grape ?), 1993.
© Matalon/Teper/Ohlsson

Ed Wood, 1994. © D. Di Novi/T. Burton

Ed Wood, 1994. © D. Di Novi/T. Burton

Don Juan de Marco, 1995. © American Zoetrope

Meurtres en suspens (Nick of Time), 1995. © J. BadhamParamount Pictures

Meurtres en suspens (Nick of Time), 1995. © J. BadhamParamount Pictures

Donnie Brasco, 1996. © Mandalay Entertainment/Baltimore Pictures

The Brave, 1997. © C.Evans/C. Kemp/J. Thomas/Acappella Pictures

The Brave, 1997.

Las Vegas Parano (Fear and Loathing in Las Vegas), 1997.

Las Vegas Parano (Fear and Loathing in Las Vegas), 1997.
© Rhino Films/Universal/Summit Entertainment

La Neuvième porte (The Ninth Gate), 1999. © Artisan Entertainment

CHAPITRE 11

DANS L'OMBRE DU POLAR

Le 2 avril 1995, Johnny Depp commença le tournage d'un film qui résonnait de manière un peu étrange dans sa récente filmographie : un thriller d'action aux allures typiquement hollywoodiennes.

Meurtre en suspens (*Nick of Time*) raconte la mésaventure de Gene Watson, un modeste comptable à l'allure effacée qui, alors qu'il est de passage à Los Angeles, se retrouve forcé d'exécuter, dans les quatre-vingt-dix minutes à venir, Eleanor Grant, gouverneur de Californie, en campagne dans la ville. S'il n'obéit pas, sa fille de six ans sera implacablement tuée…

Étrange de voir celui que l'on qualifiait de « rebelle » revenir dans une production à grand spectacle qui ressemblait étrangement à une grosse machinerie à l'américaine. Pour s'en défendre, Johnny mit en avant la personnalité du réalisateur, John Badham, qu'il considérait, dans une certaine mesure, comme un auteur, en tout cas comme une personnalité intéressante du cinéma hollywoodien. Bien que créateur de *La Fièvre du samedi soir*, Badham avait, aux yeux de Depp, réalisé un « intéressant » *Dracula*, en 1979. Badham avait également signé *Tonnerre de feu* (*Blue Thunder*), *War Games* et *Nom de code Nina* (*Point of No Return*), le remake de *Nikita*.

Qu'il le veuille ou non, *Meurtre en suspens* était une production hollywoodienne, d'ailleurs soutenue par la Paramount. Pas un énorme budget mais quelque chose de conséquent tout de même. Cela ne constitue d'ailleurs pas forcément un défaut et, sur le papier, le script avait de quoi séduire avec sa course contre le temps que n'eût pas désavoué un Alfred Hitchcock (le film étant un hommage indirect à *L'Homme qui en savait trop*).

* * *

L'histoire reposait sur deux aspects. L'un tenait à l'immersion d'un être ordinaire dans une situation bien peu ordinaire et même carrément dangereuse.

« La presse rapporte chaque matin des faits divers tragiques, invraisemblables, et pourtant très réels, souligna John Badham. Ces histoires qui défient l'imagination démontrent amplement que la réalité est encore plus étrange que la fiction. Les gens qui mènent une vie routinière s'attendent à ce que les jours se suivent et se ressemblent. Mais il se produit quotidiennement des évènements inattendus, choquants et profondément déroutants. Telle est la situation que vit ici Gene Watson, un homme ordinaire prisonnier de circonstances extraordinaires et inextricables. Son drame pourrait aussi bien vous arriver. Et le film pose au spectateur l'angoissante question : « Comment agiriez-vous à sa place ? »… »

Ce fut justement ce côté « ordinaire » qui séduisit Johnny Depp. Pas question pour lui d'incarner un super-flic à la Bruce Willis. Gene n'est pas à proprement parler un héros mais plutôt une victime.

« Il est ballotté à tout moment entre des émotions extrêmes et contradictoires, complète Depp. Il fallait, donc, lui trouver un centre de gravité, l'ancrer dans une réalité tangible. J'ai puisé cela dans ma propre expérience, et d'abord dans l'attachement que j'éprouve pour les membres de ma famille. J'adore mes neveux et nièces ; je crois que je deviendrais fou s'il leur arrivait malheur et je serais prêt à tout pour les sauver. »

John Badham compara l'allure de Johnny dans ce film à celle d'un James Stewart ou d'un Henry Fonda, deux acteurs réputés pour leurs rôles d'« Américains moyens »… et deux favoris d'Hitchcock !

À ce côté « ordinaire » du personnage s'ajoutait le fait que, pour la première fois depuis sa carrière, Johnny allait pouvoir jouer un père de famille et cela le touchait énormément…

L'autre aspect intéressant du projet était que l'action devait se dérouler en temps réel. Le spectateur allait partager seconde après seconde les quatre-vingt-dix minutes d'angoisse de Gene Watson. Un procédé déjà utilisé au cinéma (notamment dans *La Corde* d'Hitchcock) et repris plus tard avec succès dans la série *24 heures chrono*.

Afin de renforcer cet aspect « à chaud », Badham décida de donner à son film presque l'apparence d'un documentaire.

« Les acteurs sont à peine maquillés et filmés caméra à la main pour donner aux situations un maximum d'urgence et de réalisme, expliqua-t-il. J'ai voulu donner au spectateur l'impression d'une rencontre à l'improviste avec un homme entraîné dans une situation aussi dramatique qu'imprévisible. Lorsqu'on tourne un documentaire, la première prise doit être la bonne. On n'est pas toujours libre de placer la caméra là où on le souhaite. On n'est pas toujours au point, et il arrive qu'on soit trop éloigné ou trop proche de l'action. Les éclairages sont approximatifs et rarement flatteurs. C'est un peu l'effet que nous avons cherché à rendre dans *Meurtre en suspens*. »

Ce deuxième aspect emporta également l'adhésion de Johnny Depp.

« J'ai trouvé cette approche très stimulante et enrichissante, dit-il. Nous avons tourné de nombreuses scènes à deux ou trois caméras, ce qui permettait de réduire le nombre de prises et donnait à notre jeu un surcroît de naturel et de spontanéité. On se sentait plus libres et moins tenus de respecter des marques précises. »

L'essentiel du tournage eut pour cadre l'Hôtel Westin Bonaventure qui occupe tout un pâté de maisons dans Los Angeles. Johnny Depp tint à participer à la plupart des scènes d'action.

« Johnny mérite l'étiquette de « spécialiste des rôles d'action », s'enthousiasma le chef cascadeur Shane Dixon, car il a accompli lui-même 90 % des cascades de *Meurtre en suspens*, y compris les scènes de bagarre et une spectaculaire chute de trente mètres au bout d'un filin. »

* * *

Meurtre en suspens était-il un film pour Johnny Depp ?

Beaucoup d'observateurs, et probablement une certaine frange du public, se posèrent la question au sortir du film en novembre 1995. Il est vrai qu'au vu du résultat, quelque chose semblait ne pas coller. Cela n'avait rien à voir avec la prestation de l'acteur mais plutôt avec sa simple présence dans une production qui paraissait trop préfabriquée. Lui, qui avait jusqu'alors défendu les films faits avec le cœur, se retrouvait prisonnier d'une œuvre faite avec une calculatrice et un chronomètre. On le sentait peu à l'aise dans ce cadre et son costume trois pièces semblait ne pas lui appartenir.

Mais cela ne suffit pas à expliquer l'échec du film. Car échec il y eut. La critique lui reprocha son manque de rythme, un comble pour une histoire censée tenir en haleine quatre-vingt-dix minutes durant. Elle mit également en exergue les failles du scénario et les rebondissements trop attendus.

De là à se demander si Johnny Depp, avec sa personnalité et son passé, était fait pour se glisser dans le moule du cinéma policier américain, il y avait un pas que beaucoup franchirent. Ne valait-il pas mieux pour lui rester « cantonné » dans les purs films d'auteurs ? Les portes du cinéma commercial ne lui étaient-elles pas définitivement fermées ? À force de se marginaliser, n'avait-il pas pratiqué, involontairement, la politique de la terre brûlée ?

Johnny Depp ne tarda pas à répondre à sa manière à toutes ces questions et à apporter un flagrant démenti à ceux qui, déjà, estimaient que son étoile était en train de se ternir.

* * *

Donnie Brasco présente tous les artifices du film policier : dans le New York de 1978, un agent du FBI se fait passer pour un truand du nom de Donnie Brasco afin d'infiltrer l'une des plus puissantes familles de la côte Est.

Et pourtant ce n'est pas un film policier. Enfin pas tout à fait.

C'est aussi, et peut-être avant tout, un film d'auteur.

Paradoxe ? Sûrement pas quand on sait que le réalisateur n'est autre que Mike Newell, l'un des fers de lance de la nouvelle génération de cinéastes britanniques auquel on doit notamment l'irrésistible *Quatre mariages et un enterrement* (*Four Weddings and A Funeral)* ainsi que l'étonnant *Dance With A Stranger*.

Le projet ressemblait d'autant moins à un polar classique qu'il était inspiré de faits tout à fait réels, à savoir la propre vie de Joe Pistone qui l'avait racontée en 1989 dans son autobiographie *Donnie Brasco, My Undercover Life in the Mafia*.

« Donnie Brasco est l'histoire de deux hommes qui exercent des professions mythiques et qui sont englués dans des conflits de loyauté profondément humains, résuma Mike Newell. L'histoire commence avec Lefty, un mafioso bien différent de ceux que l'on a l'habitude de voir au cinéma. Lefty ne s'est jamais élevé dans la hiérarchie, ses pairs n'ont aucun respect pour lui, et il sait que son temps est compté. C'est alors qu'il rencontre Donnie, un jeune homme habile, intelligent qui le respecte, qui semble désireux d'apprendre des choses de lui. Donnie redonne au gangster vieillissant un peu d'estime et une chance de se refaire, mais il sera finalement contraint de le trahir. »

Durant presque six ans, de 1976 à 1981, Pistone avait réussi à infiltrer et à gagner la confiance de la famille Bonnano, mettant souvent sa vie en danger et son couple en péril. Il fit tant et si bien qu'il finit par se voir confier un « contrat » : exécuter Bruno Indelicato, un truand de Brooklyn. Contrat qu'il n'honora jamais, préférant « donner » toute la famille au FBI. Ce fut la plus longue et la plus audacieuse opération d'infiltration jamais tentée au cœur de la mafia. Elle eut des résultats tellement importants que les gangsters mirent à prix (500 000 dollars !) la tête de Pistone. Lequel dut se cacher sous une fausse identité, ne se déplaçant jamais sans être maquillé…

À la demande des producteurs, qui désiraient rompre avec les traditions du film de gangsters et souhaitaient un cinéaste abordant habilement la psychologie des personnages, Mike Newell plongea dans le mode de vie des mafiosi new-yorkais.

« J'ai pris infiniment plus de plaisir que je m'y attendais à explorer les bas-fonds de la société américaine pour mieux assimiler la personnalité de Donnie Brasco et ses ambivalences, dit-il. J'ai passé un certain temps à Brooklyn au milieu d'hommes qui se livrent encore aux activités traditionnelles de la pègre : jeu, prêts sur gages, etc. J'ai occupé plusieurs week-ends à boire et manger avec eux, à traîner dans leurs clubs favoris. Ils ne m'ont évidemment pas tout montré mais assez pour que je me fasse une idée de leur style de vie. Je me suis finalement bien amusé au sein de cette tribu où j'ai été traité avec la plus grande cordialité. Parfois, je devais me pincer pour me rappeler tous les forfaits, toutes les horreurs, que ces hommes avaient commis et sur lesquels je préférais jeter un voile pudique… Je comparerai volontiers les gangsters à ces enfants indisciplinés qui changent de comportement d'un instant à l'autre et se livrent sans crier gare aux pires atrocités. Ces hommes ont également un comportement « médiéval », probablement lié à leurs origines siciliennes, et qui reflète des codes de conduite complètement décalés, très brutaux, qui n'ont pas évolué depuis le XVe siècle. Les gens pensent parfois que la société mafieuse est régie par un impératif de loyauté très strict, qu'elle repose sur des structures solides. En fait, c'est un monde chaotique à souhait, et bourré de contradictions. On y prône l'honneur et la fidélité, mais chacun passe son temps à trahir ses amis de crainte d'être trahi par eux. »

* * *

Pour personnifier des truands italo-américains, les candidats acteurs ne manquaient pas à Hollywood. Mais si l'on voulait viser le haut du panier, les noms se raréfiaient et finissaient par tourner autour des deux mêmes stars : Al Pacino et Robert De Niro. Tous deux avaient joué dans la saga du *Parrain* (l'un nettement plus que l'autre) et tous deux avaient apporté leurs lettres de noblesse aux films de truands à travers *L'Impasse* ou *Les Affranchis*. Tous deux avaient le talent et la carrure pour interpréter Lefty Ruggerio, l'un des hommes à tout faire du clan Bonnano.

Mais qui allait jouer le double rôle de Pistone et de Brasco ?

« Mike Newell ne voulut rencontrer qu'un seul acteur pour le rôle de Donnie Brasco, confia le producteur Gail Mutrux : Johnny Depp. Nous étions tous d'accord pour reconnaître en lui l'un des meilleurs comédiens de la nouvelle génération. »

Il fallait un certain culot pour proposer à Johnny le rôle d'un flic qui infiltre un gang car cela risquait de lui rappeler de très mauvais souvenirs : son personnage de Tom Hanson dans la série *21 Jump Street*. Mais l'acteur était suffisamment intelligent pour passer outre ce point de ressemblance et relever la force de ce nouveau projet : il était basé sur une histoire vraie. Passionné par la vie complexe que dut mener Pistone durant toutes ces années sous « couverture », il dit oui.

« Johnny a trouvé ici l'occasion de changer de registre, poursuivit Mutrux. À l'encontre de la plupart de ses personnages antérieurs, qui étaient des impulsifs et des émotifs, Donnie Brasco est un homme qui doit constamment se contrôler pour mener à bien sa mission et ne pas risquer sa propre vie ni celle de sa famille. Johnny devait donc interpréter un homme qui ne révèle rien de lui-même, tout en nous permettant d'assister à son combat intérieur et de ressentir les doutes et les angoisses qui l'assaillent. »

Ce que Mutrux ne dit pas, c'est qu'il fut un temps question de proposer le rôle de Pistone à Tom Cruise. Seulement c'était à la fin des années 80 et le projet *Donnie Brasco* fut repoussé car Martin Scorcese sortait son film *Les Affranchis* qui, lui aussi, racontait une histoire vraie dans la mafia, mais vue du côté des gangsters. À cette date, Mike Newell n'était pas destiné à prendre les commandes, ce devait être son compatriote et ami Stephen Frears. Quand le projet reprit forme, quelques années plus tard, il ne fut, effectivement, plus question de Tom Cruise…

Pour mieux entrer dans son personnage, Johnny Depp demanda à rencontrer le vrai Joe Pistone, ce qui ne fut pas chose aisée tant cet agent du FBI était devenu méfiant. Néanmoins une réelle connivence s'établit entre les deux hommes au point que Pistone devait déclarer :

« Plusieurs membres de ma famille, venus nous rendre visite sur le plateau de *Donnie Brasco*, furent frappés de voir à quel point Johnny avait réussi à assimiler complètement ma façon de parler, ma démarche, mon style.

Je n'ai, évidemment, pas pu m'empêcher de faire le rapprochement avec ma propre « interprétation » de Donnie. La différence, c'est qu'à l'époque j'étais en représentation quotidienne et en danger de mort permanent. La plus petite erreur m'aurait été fatale : on ne m'aurait pas accordé une deuxième prise ! »

Pour Johnny, la présence de Pistone était indispensable.

« Quand on a l'opportunité de jouer un personnage qui existe, déclara-t-il, il est évident que l'avoir à côté de soi est une source d'inspiration, une source de richesse sans égale. Chaque jour, je discutais avec Joe de la scène que j'allais tourner, et tout ce qu'il me disait m'apportait une perspective extraordinaire. À l'inverse, s'il sentait le moindre dérapage, il était là pour me le dire et je rectifiais aussitôt. C'était une chance extraordinaire que Joe ait pu être là avec moi. D'autant plus qu'à un certain degré, c'est pour lui que je jouais. Je voulais réussir ce film pour lui, pour sa femme, pour ses enfants. Parce que, aujourd'hui encore, ils vivent avec tout le poids de cette expérience. »

Par contre, la présence de Pistone sur le tournage fut nettement moins appréciée par Mike Newell qui le considérait comme un élément perturbateur. Cela créa certaines tensions avec Johnny Depp.

* * *

Sur le plateau, quelque temps après avoir pu étudier le travail de Marlon Brando, Johnny Depp eut l'occasion d'admirer celui d'Al Pacino qui n'est pas sans lui ressembler, car les deux stars étaient issues de l'Actors Studio.

Or Pacino choisit de jouer avec un très fort accent de Brooklyn et à grand renfort de gestes. Il cherchait à personnifier l'Italo-Américain type de New York et offrit un véritable numéro qui s'intégra admirablement dans le cadre du film. Face à lui, Depp joua la carte de la sobriété et de la discrétion.

Même si ses relations avec Pacino ne furent pas aussi intenses et cordiales qu'avec Brando, Johnny sut apprécier la présence de cet illustre acteur à ses côtés. Il déclara plus tard que le fait de jouer avec Al fut pour lui un véritable honneur. Il précisa qu'il fut étonné par son comportement. Alors qu'il s'attendait à voir une star très impliquée dans son rôle et prenant son métier très au sérieux, il découvrit une sorte de ludion qui n'arrêtait pas de plaisanter et adorait rigoler. Johnny comprit que le stade suprême du professionnalisme était la décontraction. Pacino était arrivé à un tel niveau qu'il pouvait se permettre d'arriver sur le plateau complètement relax et de plaisanter avec tout le monde.

Au cours d'une interview, Depp s'amusa à raconter sa première rencontre avec Pacino, quelques mois avant la préparation de *Donnie Brasco* :

« C'était à la cérémonie des Oscars. Cela se passait dans les coulisses et je devais monter sur scène pour présenter quelqu'un. Tout autour, il y avait des centaines, des milliers de stars de cinéma, et le seul type qui m'a semblé aussi mal à l'aise que moi c'était Pacino. Quelqu'un nous a présentés, on a un peu parlé. Il m'a dit : « Vous avez le trac ? » J'ai répondu : « Oui et vous ? Il a fait « Oh oui ! »... »

Sur un plan strictement financier, Pacino toucha 8,5 millions de dollars et Depp 4 millions (pour un budget total de 40 millions).

La bonne entente entre Al et Johnny rejaillit sur l'ensemble du film et permit à *Donnie Brasco* de sortir des sentiers battus par les traditionnels films de gangsters.

La sortie de cette réalisation de Mike Newell fut saluée comme un événement. Non seulement du fait de ses qualités intrinsèques mais aussi parce qu'elle apportait un regard nouveau sur l'univers toujours fascinant des gangsters. Loin du romantisme de la mafia développée dans certaines productions, celle-ci montrait la vie quotidienne d'une famille vouée au crime et à l'illégalité sous toutes ses formes. Et cela donna 125 millions de dollars de recettes mondiales !

Donnie Brasco constitua, en quelque sorte, la réponse de Johnny Depp à ses détracteurs : il pouvait tourner dans un film de gangsters d'importance, il pouvait jouer un flic sans revenir à une copie de *21 Jump Street*, il n'était pas l'acteur voué aux films d'auteurs de maigre audience...

* * *

La vie de Johnny Depp n'était, bien entendu, pas qu'une succession de films, même si son travail le passionnait autant qu'il l'accaparait. Et si les revues spécialisées décortiquaient ses interprétations et analysaient ses films, d'autres revues, tout aussi spécialisées, mais dans un autre genre, dépiautaient sa vie privée et analysaient le moindre de ses faits et gestes. Ainsi après avoir longtemps parlé d'un proche mariage entre l'acteur et le top-model Kate Moss, les mêmes supports annoncèrent leur séparation. Bien sûr, l'un n'empêchait pas l'autre. Mais il fallait choisir. La véritable information ne tarda pas à faire le tour des salles de rédaction : le couple se séparait effectivement. Les raisons invoquées furent multiples mais en l'absence de commentaires de l'un comme de l'autre, ce ne furent que des supputations. Et puis faut-il vraiment des raisons pour justifier une séparation ? Toujours est-il qu'au printemps 1995, après un peu plus d'un an, Johnny et Kate se quittaient. Les commentaires allèrent bon train mais une seule chose était sûre : ce n'était pas cette fois-là que Johnny allait fonder une famille.

Il est vrai que le couple avait, parfois, défrayé la chronique. L'incident de septembre 1994 avait fait couler beaucoup d'encre et désigné Johnny comme un garçon instable marqué par une propension à la violence. Après une soirée qui fut, dit-on, bien arrosée, l'acteur retourna dans sa chambre du Mark Hotel de Manhattan, à New York... où il entreprit de tout casser. Kate Moss, présente sur les lieux, ne réussit pas à l'arrêter. Cela fit un tel bruit et provoqua de tels dégâts que le personnel de l'établissement, incapable de le calmer, dut faire appel à la police. Johnny passa quarante-huit heures en détention, dans trois établissements pénitentiaires différents.

Bien entendu, dès le lendemain, cet incident se retrouva dans bien des journaux.

« Il m'est arrivé ce qui peut arriver à tout le monde, commenta Depp quelques mois plus tard : j'ai piqué une grosse colère. D'habitude, ce genre de chose arrive chez soi et personne n'en parle. Là, il se trouve que ce n'est pas passé inaperçu. Mais j'étais loin d'imaginer que cela ferait tant d'histoires... »

L'affaire fit la une de certaines émissions de télévision, ce qui attrista profondément Johnny. Après tout, il n'avait fait que causer des dégâts matériels – qu'il s'apprêtait à rembourser intégralement –, il n'avait tué personne, il n'avait pas jeté de bombe, il n'avait mis personne en danger. Alors pourquoi toute cette « couverture médiatique » ?...

Quant à sa liaison avec Kate Moss... elle n'était pas terminée ! Alors que l'on avait annoncé que tout était fini entre eux, que leur désaccord était irrémédiable, ils se mirent à s'afficher ensemble à des avant-premières et Kate poussa le culot jusqu'à embrasser son « fiancé » en plein défilé de mode. S'agissait-il de réconciliation ou d'un mauvais tour qu'ils avaient joué à la presse ? Peu importait. Leur idylle repartit de plus belle. Et les médias restaient à l'affût. Ils eurent de quoi s'occuper pour les mois à venir.

CHAPITRE 12

LE PACTE

En 1995, après une douzaine d'années passées dans le métier et autant de films, Johnny Depp se dit qu'il était temps de franchir une étape : passer à la réalisation. Il avait des choses à dire, des choses à montrer, des souffrances à souligner, des injustices à réparer. Car son projet ne s'annonçait pas parmi les films à grand spectacle. Bien au contraire, en racontant les douleurs d'une tribu, le sacrifice d'un homme, il voulait construire un film fort mais intimiste, en un mot un pur film d'auteur.

The Brave, c'est l'histoire d'une famille. Elle n'a pratiquement plus de quoi vivre. Ses rêves se limitent aux ordures qu'elle ramasse pour survivre. C'est aussi l'histoire d'un village qui n'en est pas tout à fait un : Morgantown. Là, il ne saurait être question de justice et la vie n'y est qu'une sorte de mort lente. Là, les jours se suivent et se ressemblent sous une chaleur implacable. Là, aux confins de la Prairie américaine, les gens, d'origines diverses, passent leur temps à boire. Pas d'horizons lointains et, probablement, pas d'avenir mirifique. Pour briser cette spirale infernale, un homme va se lever. Il se nomme Rafael et vit dans Morgantown avec sa femme Rita et leurs deux enfants. Déterminé à faire vivre sa famille, il se rend en ville à la recherche d'un emploi. Il y tombe entre les griffes d'un étrange businessman qui lui propose de signer un pacte avec le diable : sa vie contre de l'argent. Rafael accepte de tourner un « snuff movie » au cours duquel sera filmée sa vraie mort…

« On dit toujours : « Je tuerais pour ma famille ou je pourrais mourir pour elle », mais le ferait-on vraiment ? s'interrogea Johnny Depp. Serions-nous prêts à sacrifier notre vie ? Aimons-nous suffisamment quelqu'un pour en arriver à cette extrémité, à ce sacrifice humain qui est le véritable propos du film ? »

De fait, l'idée centrale de *The Brave* fut cet amour immense que cet homme porte à sa famille. Un amour qui dépasse sa propre vie.

« C'est un amour inconditionnel, compléta Depp, comme quand vous aimez quelque chose trop fort, vous avez peur de le toucher car cela peut vous heurter.

Quand Rafael regarde dans les yeux de Frankie, son fils, je pense que c'est lui qu'il voit. Je pense qu'il souffre de voir que Frankie n'a aucun avenir, aucune éducation, pas même une vie qui lui est propre. »

Étonnamment, la première fois qu'il lut le script d'où il tira son film, Johnny le détesta. Il le trouva truffé de clichés, de lieux communs et, surtout, totalement dépourvu d'humour. Il détesta également le personnage de Rafael qu'il estima trop fade. Bref, tout autre que lui aurait jeté le livre à la poubelle ou, tout au moins, l'aurait rapidement oublié. Mais Depp y dénicha une idée. Une belle idée qui pourrait justifier la naissance d'un film. Avec son frère, il reprit cette idée pour en faire un scénario. Une étape passionnante pour les deux hommes.

Puis Johnny Depp entama le long parcours qui consiste à transformer un scénario en une œuvre de pellicule.

* * *

Première étape : le budget.

Comme on dit habituellement dans les milieux hollywoodiens, l'idée de présenter des marginaux réduits à la pauvreté n'est pas très « bankable ». Pas de quoi fasciner un large auditoire et engranger des recettes faramineuses. Bien peu de producteurs acceptèrent de suivre Johnny Depp sur cette voie. Après avoir tapé à toutes les portes, il comprit qu'il ne pourrait réunir guère plus d'un million de dollars. Or c'était insuffisant par rapport à l'œuvre qu'il voulait construire. Il lui en fallait au moins cinq fois plus. La réponse fut cinglante : si Johnny Depp réalisateur ne risquait pas de déplacer les foules, Johnny Depp acteur, lui, en était tout à fait capable. Pour bénéficier de plus d'argent, on lui conseilla donc de jouer dans son propre film. Cela ne l'enchanta qu'à moitié. Car, au fond, Johnny n'avait aucune envie de se retrouver sur un plateau à être à la fois réalisateur et acteur principal. À ses yeux, il s'agissait de deux lourdes charges, presque en opposition.

« En tant que réalisateur, expliqua-t-il, vous devez avoir le contrôle total du plateau et de tout ce qui l'entoure. En tant qu'acteur, vous devez, en quelque sorte, vous trouver hors de contrôle et ne jamais prêter attention à tout ce qui se passe sur le plateau ni à tout ce qui cause des problèmes à la production ! »

Mais d'autres l'avaient fait avant lui, il finirait bien par y arriver.

* * *

Deuxième étape : le casting.

Ne disposant pas d'un budget pharaonique, bien au contraire, Depp ne pouvait faire appel à tout ce qu'Hollywood comptait de célébrités et de jeunes espoirs. De toute façon, cela ne l'intéressait pas. Il voulait des comédiens en cohérence, en « résonance » avec leur rôle.

Pour jouer Rita, la femme de Rafael, il pensa à une comédienne d'origine mexicaine, Elpidia Carrizzo, qu'il avait remarquée dans *My Family, Mi Familia*. Il la trouvait « rayonnante » et se montrait convaincu qu'elle apporterait une vraie force à son personnage.

Le reste de la distribution fut essentiellement composé d'amis. Johnny fit ainsi appel à Frederic Forrest qu'il avait connu lors du tournage des premiers épisodes de *21 Jump Street*. Depp avait apprécié l'intégrité de cet acteur qui avait osé claquer la porte de cette série bien avant lui. Il contacta également Max Perlich qu'il connaissait bien, même s'il n'avait jamais travaillé avec lui. De même, il connaissait l'acteur indien Floyd « Red Crow » Westerman auquel il confia, en plus de son travail d'acteur, une mission très spéciale : accomplir une ancienne tradition religieuse indienne en célébrant le lever du soleil pour purifier le film, le laver de son passé et lui donner un bon départ. À l'occasion de cette cérémonie, toute l'équipe se retrouva à six heures du matin à former un cercle autour de Red Crow qui apporta sa bénédiction.

Parmi les rôles importants à distribuer, il restait celui de l'homme d'affaires McCarthy qui propose à Rafael un contrat qui se soldera par sa mort. Johnny y réfléchit longuement mais ne trouva aucune réponse adéquate. Peut-être Marlon Brando mais il était beaucoup trop cher et ne tournait pratiquement plus. Dommage. Faute de bonne idée, Depp se dit qu'il réglerait ce « détail » plus tard.

Dans l'attente, Depp avait encore beaucoup de choses à faire.

* * *

Troisième étape : le décor.

Johnny Depp explora les Montagnes Rouges et fixa son choix sur un secteur situé non loin de Ridgecrest, dans le désert Mojave. Soutenu par la State Historical Society, qui appréciait son scénario et son engagement, il put planter ses caméras à l'emplacement d'une ancienne mine, la Kelly Row Mine, autrefois la plus importante mine d'or et d'argent de toute la Californie.

Un coin un peu perdu, fréquenté par de rares touristes désireux d'affronter la Vallée de la Mort. Peu importait que la température y fût étouffante, ce cadre convenait parfaitement au jeune cinéaste.

Il demanda au décorateur Miljen Kljakovic de lui construire un village indien de toutes pièces. Rien de luxueux, un village de « pauvres » qui s'effiloche et ne tient plus guère debout. Quasiment un bidonville tout entier tourné vers un vaste dépôt d'ordures que les villageois exploitent pour gagner leur vie.

« Le dépôt d'ordures est une oasis pour ces gens, souligna Frederic Forrest. Ils ne vivent que grâce à ce que tout le monde rejette. »

Se basant sur une documentation précise, Kljakovic le construisit morceau après morceau, affrontant des conditions climatiques très difficiles. Le dépôt d'ordures fut élaboré comme un puzzle un peu fou dans lequel chacun apportait ses pièces. Concrètement, sa construction nécessita quatre cents tonnes de détritus.

* * *

Quatrième étape : le tournage.

Les prises de vues de *The Brave* débutèrent en août 1996. Sous la chaleur. Pour le réalisateur, c'était le moment d'être confronté aux réalités d'un tournage. Réalités d'autant plus nombreuses qu'il n'avait pas encore résolu tous ses problèmes. Le rôle de McCarthy, par exemple, n'était toujours pas distribué. Mais il fallait bien se lancer à un moment ou à un autre. Vint, donc, le premier jour de tournage.

« C'est bizarre, confia le jeune réalisateur, parce qu'on m'avait dit que j'allais avoir le trac, que je me sentirais complètement débordé, que j'aurais envie de tout arrêter, que ceci, que cela… Or, finalement, je n'ai rien ressenti de tout ça. Au contraire, j'avais une totale confiance envers l'histoire et envers l'équipe. »

Depp était en train de préparer son premier plan, un moment important pour un cinéaste, quand un assistant l'informa qu'on le demandait au téléphone. Un peu agacé, il voulut renvoyer cet importun qui avait réussi à le dénicher au fin fond du désert californien. Mais l'assistant insista : il s'agissait de Marlon Brando. Johnny se précipita. La star lui expliqua qu'il avait entendu dire que Johnny avait un rôle pour lui mais n'osait pas le lui proposer. « Tout à fait exact », répondit Depp un peu gêné, avant de lui résumer le film. Brando lui demanda s'il avait bouclé son casting. Johnny lui répliqua que le rôle de McCarthy était toujours vacant. Brando voulut lire le scénario. Depp s'empressa de le lui envoyer.

Transformé par cet appel, Johnny put enfin exercer son métier de réalisateur.

Cinq jours plus tard, Brando rappela. « D'accord, dit-il. Je le fais. Dis-moi seulement où et quand. »

Et la star arriva sur le plateau de *The Brave* le lundi 7 octobre.

« Que Marlon soit là et joue ce rôle pour moi a été l'un des plus beaux cadeaux que j'aie reçus de toute ma vie », confia Johnny Depp ultérieurement.

La présence de Brando amena le réalisateur scénariste à bousculer son plan de travail et à étoffer le rôle de McCarthy.

Ce qu'il découvrit par la suite est que Marlon ne s'était même pas donné la peine de lire le scénario !

« Je connais l'histoire parce que Johnny me l'a racontée et j'ai compris le sens du film, expliqua Brando au moment du tournage. Je préfère ne pas lire parce que cela m'évite des difficultés. Si ce n'est pas bon, je ne suis pas obligé de raconter des mensonges ou, du moins, de retenir mes critiques. Mais, quoi qu'il en soit, je sais que ce film sera extraordinaire. J'ai vingt minutes dans le film. C'est assez pour juger. Il suffit souvent de lire un seul paragraphe pour savoir si un écrivain a du talent, s'il a le sens de la langue. C'est pareil pour un sculpteur. Pas besoin de voir le visage de la Victoire de Samothrace ou le bras de la Vénus de Milo, on peut les imaginer et reconnaître le talent. C'est très facile d'extrapoler. Je connais la sensibilité de Johnny, j'ai travaillé avec lui, on s'est beaucoup parlé. Je sais qu'il ne peut pas faire un faux. »

Sollicité de toutes parts, Johnny Depp refusa la présence de journalistes sur son plateau. À une exception. De taille. Le seul magazine à pouvoir effectuer un repor-tage sur *The Brave* fut un magazine de cinéma. Qui plus est un magazine français. Ce fut *Studio* qui dépêcha sur place Christophe d'Yvoire. Résultat : un fabuleux témoignage qui s'étendit sur treize pages dans le numéro 120 (de mars 1997). Le journaliste y rapporta notamment sa rencontre avec le maître des lieux :

« Cheveux longs, lunettes noires, chemise ouverte et jean déchiré, Johnny Depp dégage ce petit quelque chose en plus qui attire immédiatement l'attention. « Est-ce qu'il fait froid à Paris ? » C'est la première chose qu'il demande en me voyant. Car du froid, explique-t-il, il ne rêve que de ça, après avoir vécu ici les sept semaines les plus « chaudes » de sa vie. « Je n'imaginais pas à quel point ce tournage serait épuisant », avoue-t-il avant d'aller jeter un œil dans le viseur de la caméra. Depp est fatigué mais visiblement heureux. »

La grande originalité du tournage de *The Brave* fut sa souplesse. Contrairement à Hitchcock qui ne changeait rien à ce qui était écrit ni à ce qu'il avait préparé, Johnny laissa une large place à l'improvisation. Acceptant les idées de tous, il n'hésita jamais à modifier son plan de travail et, même, à s'éloigner du scénario initial. Pour lui, un film doit être vivant et prend son véritable envol au moment où les caméras tournent. Filmer ce qui est écrit risque de figer l'histoire.

Johnny Depp se donna à fond dans ce tournage qu'il tint à bout de bras.

« Ce fut une expérience tellement intense, constata-t-il plus tard. Je ne suis pas sûr que je recommencerais. J'aime trop dormir ! »

Finalement, et à sa propre surprise, il finit par trouver un équilibre entre sa fonction de réalisateur et celle d'acteur. En fait, Johnny jetait les bases de son plan de travail la nuit pour se sentir plus libéré au moment des prises de vues. D'où, effectivement, un certain manque de sommeil…

Le tournage de *The Brave* se termina en novembre 1996.

* * *

Cinquième étape : la sortie.

The Brave fut sélectionné pour participer au Festival de Cannes 1997. Sa projection fut programmée pour le samedi 10 mai.

Bien entendu, Johnny Depp se rendit sur la Croisette pour défendre « son » film.

Il se retrouva aux premières loges pour constater la déconvenue de la critique. Alors que cette œuvre était très attendue, elle déçut l'ensemble de la presse internationale qui la trouva trop « simpliste » et empreinte d'une naïveté qui ne correspondait pas avec la force qui était censée s'en dégager. Certains y virent quelque chose d'inabouti.

Johnny, qui connaissait bien les rouages du cinéma, comprit aussitôt. Si la critique ne soutenait pas *The Brave*, il n'avait aucune chance d'exister auprès du public. De fait, ce fut un échec sur le plan du box-office, de nombreux pays – à commencer par les États-Unis – se contentant de le présenter à travers des festivals.

Les débuts de réalisateur de Johnny Depp ne furent, finalement, pas spectaculaires. Ils n'en furent pas moins intéressants pour autant.

Ils continuèrent, cependant, de le marginaliser, ce dont l'acteur avait parfaitement conscience.

« Cela fait maintenant plus de dix ans que je traîne à Hollywood, remarqua-t-il, et je me sens toujours en marge du système. Je veux dire que je ne suis pas comme Tom Cruise, par exemple. Je serais incapable de faire ce qu'il fait. Pour moi, ce serait comme plonger dans un bain d'huile bouillante, ce serait un suicide... »

CHAPITRE 13

ENTRÉE EN JEUX

Johnny Depp avait à peine terminé le tournage de *The Brave* qu'il reçut un appel de son ami Marlon Brando. Installée en Irlande, la star était en train de tourner un film intitulé *Divine Rapture* et souhaitait que Johnny le rejoigne pour tenir un rôle à ses côtés. L'intéressé ne se le fit pas dire deux fois et sauta dans un avion.

Sur place, il apprit que le film était mis en scène par Thom Eberhardt, qu'il s'agissait d'une satire de l'Église et qu'il aurait pour partenaires Debra Winger et John Hurt. Le tournage avait lieu dans la petite localité de Ballycotton où Brando avait l'air de beaucoup s'amuser. Mais les déconvenues ne tardèrent pas à pleuvoir. Ce fut tout d'abord du côté des autorités ecclésiastiques locales qui, ayant découvert la teneur du scénario, interdirent toute prise de vues dans les églises. Ce fut ensuite à la production de cesser les paiements du jour au lendemain. S'ensuivit une courte période de flottement durant laquelle chacun se demanda ce qu'il convenait de faire, mais la réponse ne tarda pas à s'imposer : il fallait plier bagage. La production était en faillite. Plus aucun dollar, ni aucune livre, ne serait payé et cela seulement deux semaines après le début des prises de vues. Ce non-paiement concerna non seulement toute l'équipe du film – technique et artistique – mais également tous les commerçants locaux qui avait soutenu le projet, à commencer par le Bay View Hotel qui avait réservé ses vingt chambres aux collaborateurs de *Divine Rapture*. Le seul à s'en tirer à relativement bon compte fut Marlon Brando qui avait exigé, avant même de venir en Irlande, un million de dollars... sur les sept qui représentaient son cachet.

Quant à Johnny Depp, il repartit presque aussi vite qu'il était venu. C'était la première fois qu'il participait à un tournage inachevé. Ce ne fut pas la dernière...

* * *

« Tout a commencé quand j'ai quitté Vegas cette fois-là, sans payer ma note d'hôtel, conduisant seul la décapotable rouge, ivre et dingue, en direction de L.A. C'est exactement ce que je ressentais ; de la peur, du dégoût, la Las Vegas Parano... »

L'auteur des ces phrases n'est autre que Hunter S. Thompson, écrivain culte et adulé aux États-Unis. De son expérience au milieu des motards il a tiré un livre, *Hell's Angels : A Strange and Terrible Saga*, qui l'a immédiatement rendu populaire. Engagé au magazine *Rolling Stone*, il inventa le journalisme « gonzo », terme étrange pour désigner une forme de chronique hallucinée et souvent hallucinante. À travers des textes sans pareil, il traça un portrait au vitriol de l'Amérique des années 70. Parmi ses reportages – riches en substances toxiques de toutes natures – le Mint 400, une course automobile qui a lieu dans le Nevada, lui fournit la matière délirante de son roman *Las Vegas Parano* qui porte comme sous-titre *Une équipée sauvage au cœur du rêve américain*.

Las Vegas Parano est donc inspiré par un voyage que fit Thompson à Las Vegas en compagnie de son ami et associé Oscar « Zeta » Acosta, un avocat chicano. Le but initial était de prendre des notes à l'occasion de ce voyage et de la course de motos Mint 400 qui le justifiait. Le résultat final fut un roman inspiré d'une multitude de faits réels qui s'imposa une des histoires les plus étonnantes de la littérature américaine mettant en scène deux personnages peu communs, Raoul Duke et Dr Gonzo.

C'est ce livre qui intéressa le cinéaste Terry Gilliam, plus d'un quart de siècle après sa parution. Car Gilliam, auteur du génial *Brazil*, aimait les univers décalés, les situations qualifiées de « monstrueuses », les personnages hors norme. Gilliam partage avec Thompson une même vision sur l'absurdité du monde et une même nécessité de s'en moquer pour mieux en dénoncer les travers.

« *Las Vegas Parano* me poursuit depuis des années, constata Terry Gilliam. Ce livre a pris nos rêves et notre déprime par la peau du cou. On pouvait rire de toute cette folie ! Il y a environ dix ans, j'ai lu un scénario et je me suis dit que ce serait un projet intéressant pour démarrer les années 90. Mais, à l'époque, j'étais occupé à autre chose. Coïncidence, il se trouve que Ralph Steadman, l'illustrateur de l'édition originale, est un de mes amis. Et puis le projet s'est représenté, et je me suis souvenu à quel point le livre était drôle et provocant. Le monde du « politiquement correct » n'existait pas encore quand Hunter a écrit le livre, et j'espère qu'il n'existera pas quand ce film sera sorti ! J'ai l'impression que nous vivons dans une époque coincée : chacun a peur de dire ce qu'il ressent, de vivre d'une façon qui sort de l'ordinaire. Il est temps de briser nos chaînes. »

En réalité, Gilliam reprit le projet des mains d'un autre cinéaste, Alex Cox, qui dut l'abandonner en raison de « divergences artistiques » à la fois avec la production et avec l'auteur du roman. Ce fut d'ailleurs pourquoi, alors que le scénario fut entièrement remanié (et le budget doublé !), Cox resta crédité au générique en tant que coscénariste. Or c'était Cox qui avait formé le doublon Johnny Depp-Benicio Del Toro pour les deux rôles principaux. Doublon qu'il n'était pas question de modifier et que, de toute façon, Gilliam n'avait aucune envie de modifier !

* * *

« Je crois que Johnny est le meilleur acteur de sa génération, déclara Terry Gilliam. L'association du sujet et de la présence de Johnny m'a attiré. Il n'y a rien que Johnny ne puisse faire. Il est inventif, rapide, drôle et incroyablement travailleur. »

Et d'ajouter :

« Si l'on se contente d'être séduisant, on n'est pas pris au sérieux. Il essaie de masquer sa beauté. Pour lui, être aussi séduisant c'est de la triche. »

Depp connaissait parfaitement le roman initial. Il l'avait non seulement lu mais aussi analysé, décortiqué.

« *Las Vegas Parano* ne demandait qu'à être porté à l'écran depuis sa publication, il y a vingt-six ans, remarqua-t-il. Le livre est paru alors que s'éteignait le Rêve américain. Mais Hunter s'obstinait à le chercher, espérant que le Rêve n'était pas mort ; et partout il ne trouvait que folie, tragédie, rapacité. Pour Hunter, ce livre avait des allures de quête et d'exorcisme. *Las Vegas Parano* est un livre sur l'espoir, la folie, la tentative de trouver quelque chose en quoi croire. »

Au moment où il s'associa avec Gilliam, l'acteur ne manquait pas de projets. Entre autres, son nom avait été avancé pour incarner un autre personnage ayant réellement existé, le chanteur Bobby Darin, idole dans les années 50. Mais ce film, qui lui aurait permis de revenir à sa passion pour la musique, et dans lequel il eût dû avoir Drew Barrymore pour partenaire, ne se fit pas.

En fait, Johnny est un grand admirateur de Thompson qu'il a rencontré avant que soit lancée l'idée de transposer son livre au cinéma. Après *Ed Wood* et *Donnie Brasco*, c'était la troisième fois que Johnny interprétait un personnage ayant réellement existé. Car, inutile de se voiler la face, Raoul Duke n'est autre que Hunter Thompson lui-même.

Comme précédemment, la première chose que fit Depp fut de revoir le romancier et de s'en imprégner. Cette fois il le suivit pas à pas, l'observa, l'imita, le copia parfois.

« J'ai commencé par lire la plupart des écrits de Hunter qui avaient été publiés et une bonne partie de ce qui est resté inédit, rapporta Depp. Et j'ai passé plusieurs mois en sa compagnie, à l'étudier, à habiter chez lui, juste à être à ses côtés. Coup de chance, nous étions déjà amis avant que le film ne se décide. L'une des choses qui ont joué lors de notre première rencontre, c'est que nous sommes tous les deux originaires du Kentucky. Au fond, Hunter est un vrai « gentleman du Sud » ! »

Au départ de leur relation, l'auteur se montra méfiant et, pour voir ce que Johnny avait dans le ventre, lui fit passer un test.

« « J'ai rencontré pas mal de blancs-becs de Hollywood, souligna Thompson. Je ne voulais pas le condamner mais je voulais lui donner un peu de fil à retordre. Je l'ai trouvé sympa alors je l'ai invité à faire sauter une bombe ! Moitié nitroglycérine, moitié propane. Si vous vous y prenez bien, avec un fusil, ça provoque une gigantesque explosion. Je lui ai donné un mousqueton nickelé calibre 12. Ce petit con a appuyé sur la gâchette et boum ! »

De ce boum naquit une profonde amitié.

Depp finit par s'installer avec Hunter dans son ranch du Colorado.

« Il a passé des mois avec Hunter, raconta Gilliam. Comme un vampire, il lui suçait tout ce qu'il avait. »

De son côté le romancier raconta :

« Il m'imitait ! J'étais assis à allumer une clope, il s'asseyait à côté de moi dans la décapotable et en allumait une comme moi. Il mettait son chapeau, j'enlevais le mien, il enlevait le sien, etc. Ça devenait bizarre. »

Et l'acteur compléta :

« Dès que j'ai rencontré Hunter Thompson, j'ai pensé qu'il fallait que j'absorbe tout de lui pour lui rendre justice à l'écran. J'ai passé énormément de temps en sa compagnie. Je filmais nos rencontres et je le suivais dans tous ses délires : construction d'explosifs, tir au pistolet dans la pampa, des jours et des nuits entières à picoler… Ça n'a rien d'évident parce qu'il ne perd jamais le contrôle. Il n'a pas besoin de plus de trois minutes pour savoir à qui il a affaire ; il m'a beaucoup testé avant de me laisser prendre ce dont j'avais besoin dans son intimité. J'ai commencé par copier sa démarche, ses gestes, il a une manière particulière de marquer toutes ses réactions, des mouvements théâtraux et étranges en même temps, un peu comme un oiseau. »

Depp poussa le sens de la précision jusqu'à emprunter la propre Cadillac de Thompson et la conduire durant plusieurs semaines à travers toute la Californie.

La productrice Laila Nabulsi, qui connaissait bien Thompson, assista à la lente mutation de Johnny.

« J'ai eu le sentiment que Johnny comprenait la sensibilité de Hunter, qu'un tas de gens n'avaient pas voulu voir, dit-elle. L'image de base de Hunter – dingue et macho – fait partie de l'histoire. Mais Hunter est quelqu'un de très sensible, profond, attentionné. Ce sont aussi les qualités de Johnny. »

« Je voulais que Hunter soit fier de ce qu'il verrait à l'écran, précisa le comédien. J'ai essayé de lui ressembler le plus possible. Je me suis partiellement rasé le crâne, ne laissant que des petits cheveux, façon chinchilla, sur les côtés. Hunter a de plus grandes oreilles que moi, on s'est donc arrangé avec le maquillage pour que les miennes ressortent davantage. Et Hunter possède aussi une façon de bouger, un langage du corps, que j'ai adoptée dès le début du film. »

Bien entendu, dans le même temps, Johnny Depp s'intéressa au scénario qui fut écrit à la vitesse record de dix jours !

« Je crois, poursuivit-il, que c'est une histoire qui va faire rire les spectateurs, qui va les faire réfléchir, qui va aussi les effrayer. Certains penseront sans doute que Duke et Dr Gonzo sont juste deux dingues qui bourrent leurs corps d'horribles substances chimiques. Mais il ne s'agit pas pour eux de se divertir. Il s'agit d'un besoin. »

* * *

Aux côtés de Johnny Depp, Terry Gilliam plaça l'acteur portoricain Benicio Del Toro, remarqué dans un James Bond (*Tuer n'est pas jouer*) et révélé par *Usual Suspects*. Il devint Dr Gonzo, l'alter ego de Raoul Duke.

« Il y a un amour très fort entre ces deux-là, remarqua Johnny. Ils sont isolés du reste du monde. Ils n'ont pas peur de repousser les frontières, de tester les limites humaines. Mais, entre eux, il y a aussi, en même temps, une sorte de haine fraternelle, qui les pousse l'un et l'autre toujours plus loin. Ils ont besoin l'un de l'autre pour survivre. »

Pour se transformer en Dr Gonzo, Del Toro grossit de vingt kilos.

« La métamorphose de Benicio a été incroyable, s'étonna Depp. Il y a vraiment travaillé avec ardeur et il y est parvenu. À la fin, il était même très fier de son ventre. On aurait dit un Bouddha portoricain ! »

* * *

Las Vegas Parano se déroule en 1971. Terry Gilliam fut chargé de retrouver et de retranscrire la folie qui régnait à cette période. Il fallut non seulement redonner vie au mauvais goût et aux couleurs criardes mais également faire renaître, en quelque sorte, le Mint Hotel de Las Vegas, aujourd'hui disparu, ainsi que le Desert Inn et le Flamingo tels qu'ils existaient en cette année-là.

« L'ennui est que le film se déroule en 1971 et que le Las Vegas de l'époque n'existe plus, nota Gilliam. Nous n'avions pas l'argent pour le reconstruire de façon aussi élaborée que Martin Scorcese dans *Casino* ; il s'agissait donc d'en saisir des morceaux ici et là. À l'origine, j'étais très pointilleux sur la fidélité à l'époque, petit à petit j'ai décidé d'être plus libre dans la reconstitution. »

Pour les acteurs, la principale difficulté fut de donner l'impression d'être toujours en proie à des délires hallucinogènes dus à des drogues de toute sorte.

« Ça n'est pas facile d'avoir l'air drogué, souligna le cinéaste. Le plus dur, pour Johnny, c'est que la cocaïne était du lait en poudre. À la fin, il devait avoir tant de lait dans les poumons qu'il aurait pu allaiter toute l'équipe ! »

Et Benicio Del Toro d'expliquer :

« Les gens qui voient le film se disent peut-être que nous avons fait une sacré fiesta mais je vous garantis que personne n'a bu, personne n'a fumé. Rien. C'était réglo. »

L'autre difficulté pour Depp était de faire revivre Hunter Thompson devant le modèle original.

« La présence de Hunter sur le plateau pour la première fois, me voyant en train d'« être lui » était très intimidante, raconta-t-il. J'avais peur que ça le bouleverse. Mais il a été génial. Il m'a énormément soutenu tout au long du projet, me permettant de devenir son ombre, chez lui, en déplacement, vingt-quatre heures par jour pendant plusieurs mois. J'ai eu de la chance de passer tout ce temps à ses côtés. »

« Parfois, rapporta Laila Nabulsi, quand je voyais Johnny sur le plateau, j'avais un flash : Oh ! Hunter est là… C'était très troublant : une allure générale, pas une simple imitation. »

Le tournage fut lui aussi placé sous le sceau de la rapidité car il n'excéda pas cinquante jours. L'occasion pour Johnny d'admirer le travail à la fois précis et proche d'une certaine folie de Terry Gilliam. Il en ressortit tout aussi enthousiaste qu'inconditionnel.

« Terry est arrivé, s'est emparé du truc, l'a transformé et l'a rendu meilleur, constata-t-il. C'est un des grands metteurs en scène avec qui j'ai travaillé, l'une des expériences les plus pures, les plus inventives, les plus organiques que j'ai jamais eues. Il vous indique une direction, met l'étincelle et boum, c'est parti ! Il y a comme une explosion créatrice. Participer à ce film a été une expérience inestimable. Pouvoir passer des jours entiers avec Hunter, puis travailler avec Terry, Benicio, cette équipe était incroyable. C'était une occasion unique de raconter une histoire et de la raconter bien. Toute l'équipe en était consciente et chaque jour ressemblait à une étrange célébration. »

Si Johnny Depp était un habitué de la langue de bois, on eût pu croire à des propos proches de la propagande destinés à accompagner la sortie du film. Mais tel ne fut pas du tout le cas. Il avait adoré ce tournage autant qu'il avait adoré travailler avec toutes les personnes qui y étaient impliquées.

Et il trouva en Terry Gilliam un partenaire plus que favorable.

« Je déclare publiquement pour quiconque tient à critiquer l'interprétation de Johnny qu'on n'a jamais vu de meilleure personnification de Hunter S. Thompson à l'écran ni sur la Terre ! », lança-t-il avec un grand sourire.

Le film fut présenté au Festival de Cannes. Johnny se rendit à la projection publique en smoking, sans cravate, avec, à son bras, la toujours ravissante Kate Moss. Une manière comme une autre de tordre le cou aux rumeurs.

Seul bémol à l'incontestable réussite artistique qu'est le film de Gilliam : son échec commercial…

CHAPITRE 14

AU-DELÀ DES APPARENCES

« Johnny Depp est pour moi le meilleur acteur de sa génération. Je sentais qu'il apporterait l'élément nécessaire au rôle de Spencer : l'authenticité. »

Ces propos ont été tenus par Rand Ravich, scénariste et réalisateur de *Intrusion* (*The Astronaut's Wife*), un film qui mélange romantisme, science-fiction et fantastique. Un film qui, en dépit de la présence de Johnny Depp, ne réussit pas à déplacer les foules ni à convaincre les spectateurs.

Quel en était son propos ?

En réalité, il était un peu confus : un astronaute de la Nasa s'envole pour une mission spatiale de routine. Au cours de celle-ci, la Terre perd le contact avec lui durant seulement deux minutes. Un laps de temps qui va suffire pour que sa femme, institutrice, se demande ce qui est arrivé à son mari et s'il s'agit bien du même homme.

« Le physique classique et solide de Johnny Depp, allié au mystère de son regard, était parfait pour ce rôle, ajouta le producteur Mark Johnson. Il fait passer ce sentiment de danger sous-jacent, d'imprévisibilité. On ne sait jamais vraiment qui est cet homme et quelles sont ses intentions. »

Et Andrew Lazar, autre producteur du film, ajouta :

« Johnny Depp révèle ce qui transparaît sous la surface d'un héros adulé. Il peut être à la fois le gentleman achevé et la source la plus sinistre du mal. »

Mais les qualités de comédien de Johnny ne pouvaient sauver un scénario finalement assez conventionnel, fortement influencé par *Rosemary's Baby* avec des pointes de *X Files*, filmé sans réelle maîtrise par Rand Ravich.

Finalement, cette *Intrusion* ne tient que par la présence de Johnny Depp, justement, et son affrontement avec la charmante et talentueuse Charlize Theron.

On peut affirmer qu'il s'agit, en quelque sorte, d'un accident de parcours pour Johnny comme si, chaque fois qu'il essayait de se glisser dans le moule hollywoodien, quelque chose ne fonctionnait pas. Cela avait déjà été le cas avec

Meurtre en suspens. À force de se démarquer des productions traditionnelles, d'entrer avec aisance dans des univers d'auteurs, il avait imposé une image particulière, qui collait mal avec celle *d'Intrusion*. Pourtant, cela ne signifiait pas qu'il devait systématiquement tourner le dos aux produits hollywoodiens. Quatre ans seulement après *Intrusion*, il allait amener un produit manufacturé de type « commercial » vers les sommets.

Mais, pour le moment, les « auteurs » lui convenaient mieux. Et quitte à se risquer dans une sorte de nouvelle version de *Rosemary's Baby*, mieux valait travailler avec son auteur original : Roman Polanski…

* * *

En réalité, Roman Polanski n'avait abordé le cinéma fantastique qu'une unique fois dans sa carrière avec, justement, *Rosemary's Baby*. Certes, il avait également réalisé *Le Bal des vampires* (*The Fearless Vampires Killer*) mais c'était une parodie. Or en cette fin du XXe siècle, il souhaita revenir au genre fantastique grâce à un livre en deux volumes d'Arturo Perez-Reverte intitulé *Le Club Dumas*, roman baroque, fantastique et teinté d'histoire qui obtint un énorme succès dans son pays d'origine, l'Espagne.

L'histoire en est hautement singulière puisqu'elle met en jeu deux livres rares, *Les Neuf Portes du Royaume des Ombres*, que l'on soupçonne de pouvoirs sataniques. Sur leur piste se lance un jeune homme spécialisé dans la recherche d'ouvrages anciens…

Pour transformer la foisonnante richesse de Perez-Reverte en un film d'une durée normale (2 h 13 tout de même), Polanski dut effectuer un énorme travail d'adaptation, resserrant l'intrigue, la simplifiant parfois et la fluidifiant. De plus, il décida d'opter pour un seul point de vue, celui de Dean Corso, le chercheur de livres. Enfin, il accentua le côté thriller, orientant le personnage central vers un détective à la Raymond Chandler.

Et cela donna *La Neuvième Porte* (*The Ninth Gate*).

Un ensemble qui ne pouvait qu'attirer Johnny Depp. Tout cela plus la personnalité de Roman Polanski. Car ce cinéaste d'origine polonaise, donc profondément européen, s'est construit une carrière bien à lui avec des œuvres comme *Cul-de-sac, Chinatown, Répulsion, Le Locataire* et quelques autres. Ses plus récentes tentatives n'avaient pas forcément été à la hauteur de sa réputation et si *Lunes de fiel (Bitter Moon)* ne manquait pas d'originalité, *La Jeune fille et la Mort (Death and the Maiden)* tombait plus dans le conventionnel. Mais Polanski restait Polanski et après Emir Kusturica, Lasse Halstrom, Tim Burton, Terry Gilliam, Jim Jarmusch, John Waters, Johnny Depp ne pouvait qu'être heureux et fier d'entrer dans son univers.

Les deux hommes se rencontrèrent une première fois à l'occasion du Festival de Cannes en 1997. Le cinéaste fut surpris de constater que l'acteur connaissait et appréciait tous ses films. Roman répondit du tac au tac en expliquant à Johnny qu'il suivait son parcours depuis *Cry Baby*. Ces deux-là étaient faits pour travailler ensemble. Quelques mois seulement après cette rencontre, Polanski envoya à Depp le scénario de *La Neuvième Porte*...

Et en pénétrant dans l'univers du réalisateur, le comédien redécouvrit un pays : la France. Bien sûr, il connaissait la terre de Voltaire et de Molière. Il avait été plusieurs fois au Festival de Cannes, il s'était rendu à diverses reprises à Paris pour assurer la promotion des films auxquels il avait participé, il avait fréquemment suivi Kate Moss, qui adorait Paris au point d'avoir envisagé de s'y installer, mais c'était toujours un peu en coup de vent, entre deux interviews, en homme d'affaires pressé et rarement en touriste. Grâce à Polanski, il put découvrir, apprécier, aimer ce pays qui allait lui apporter plus d'une satisfaction...

* * *

« J'avais vu Johnny Depp dans deux ou trois rôles où il m'avait vraiment impressionné, confia Polanski au journaliste français Olivier Eyquem. Pourtant, je n'ai pas tout de suite pensé à lui pour ce rôle car le Corso du roman est un quadragénaire, et Johnny me semblait un peu jeune. Mais j'ai compris par la suite qu'il n'était pas nécessaire de rester dans cette tranche d'âge : des hommes comme Corso se forgent souvent un caractère et une réputation dès la trentaine. Il imprime spontanément son rythme au personnage. Cela fait partie de sa nature d'homme et de comédien. Johnny Depp ne donne pas l'impression de faire des efforts de préparation surhumains, on ne le voit pas répéter son texte avec acharnement. Il arrive sur le plateau l'air dégagé, et fait son « truc ». C'est très réconfortant ! Il n'en est pas moins d'une grande précision technique et reste sans peine dans le ton d'une prise sur l'autre. »

Si l'on peut parler d'alchimie entre deux personnalités, il y en eut une entre Roman Polanski et Johnny Depp. Les deux hommes firent plus que s'apprécier et développèrent des liens d'une rare intensité. Cela n'atteignit pas la complicité existant entre Depp et Tim Burton mais il se passa néanmoins quelque chose entre ces deux artistes.

Il se passa aussi quelque chose sur le tournage. Quelque chose de parfois étrange. Des incidents de-ci de-là, comme si le diable se mêlait de la partie pour jouer de mauvais tours à sa manière. Ainsi, un jour, lors de prises de vues en extérieurs, un échafaudage s'écroula mystérieusement, manquant de blesser Johnny Depp...

Tout cela ne perturba pas outre mesure le tournage et Polanski put boucler son film dans les temps.

* * *

Autant Johnny Depp parut peu concerné par son personnage d'*Intrusion*, autant il fournit une performance étonnante dans *La Neuvième Porte*. Arborant un look d'étudiant studieux avec des lunettes et une barbichette (une idée de Johnny), il s'intégra complètement dans son personnage et récolta les applaudissements de la majorité de la critique.

Trop souvent jugé comme intellectuel, ce qu'il n'était pas puisqu'il s'agissait finalement d'un thriller aux accents de fantastique, ce film dérouta le public. Il récolta 58 millions de dollars de recettes mondiales, mais il aurait mérité mieux, particulièrement en Europe où les spectateurs sont réputés plus à même d'apprécier ce genre d'œuvres.

Mais *La Neuvième Porte* s'était ouverte sur un nouveau panorama pour Johnny Depp : la France et l'amour.

CHAPITRE 15

LA ROUTE DU PARADIS

« Je suis arrivé en France en 1998 pour faire un film avec Roman Polanski. C'est à cette époque que j'ai rencontré Vanessa. Elle a été sans conteste la personne la plus importante de ma vie. »

Tout est dit. Ou presque. Une rencontre, un amour, deux enfants. Que dire de plus ? Les gens heureux n'ont pas d'histoire. Vanessa Paradis et Johnny Depp ont, tout de même, un riche passé.

Vanessa est un mirage, et peut-être même un miracle, dans le ciel du show-business français. Au départ, il y eut un passage remarqué à l'émission télévisée de Jacques Martin, *L'École des fans*, qui mettait en valeur des talents en herbe. Elle y chanta quelques mesures *d'Emilie Jolie* de Philippe Châtelé. Elle avait alors huit ans (elle est née le 22 décembre 1972 à Saint-Maur-des-Fossés, dans le Val-de-Marne), de longs cheveux blonds et, déjà, une très belle voix. Sa vie était alors celle de beaucoup d'enfants : l'école, les vacances en famille à Royan, la grande maison familiale sur les bords de la Gironde, la chambre tapissée de posters de Marilyn Monroe et de James Dean, son gros ours en peluche, les chansons de Jacques Dutronc, Prince, Jean-Louis Aubert...

Quelques années plus tard, en 1987, le succès de la chanson *Joe, le taxi* fit de Vanessa la « lolita des hit-parades ». Elle venait de faire une entrée en force dans la chanson, à elle de tout faire pour y rester, ce qui ne fut pas toujours chose facile.

« Très vite, je suis devenue une petite fille du Top 50. Du coup, j'ai commencé à être mal à l'aise, je ne regardais plus personne, tout regard devenait hostile, j'essayais qu'on ne m'voie plus, qu'on ne me regarde plus. J'avais peur. Mais, attention, pas peur qu'on me flingue mais peur de la haine. »

En novembre 1988, elle remporta une Victoire de la musique et fut félicitée par Serge Gainsbourg, avec lequel elle travailla.

Attirant les regards, et parfois les convoitises, Vanessa fut, dès 1989, conviée à tenir un premier rôle dans un film qui se révélera déterminant : *Noce blanche* de Jean-Claude Brisseau. Elle y incarne une jeune lycéenne amoureuse de son professeur et dévoile une facette méconnue de sa personnalité faite de détermination et d'inflexibilité. Elle découvrait le métier d'actrice :

« Je ne sors pas d'un cours de théâtre et je ne me considère pas comme une pro, dit-elle au moment des prises de vues. Disons que je joue avec mes armes à moi, qui sont le feeling et l'instinct. J'espère que ce que je suis en train de faire au niveau cinéma ressortira de façon positive, mais on ne peut jurer de rien… »

Elle reçut le Prix Romy Schneider et le César du meilleur espoir féminin pour sa prestation.

L'impact de ce premier film, le succès de ses chansons obligèrent Vanessa à délaisser les bancs de l'école.

« Je me sentais comme une Martienne là-bas, avoua-t-elle : les profs, à part celui de français, me punissaient deux fois plus et les filles de ma classe étaient plutôt jalouses parce que l'on apprend plus dans la vie qu'à l'école. »

Pourtant, alors que tout allait sur des chapeaux de roues, le doute ne disparut jamais.

« Je doute de moi tout le temps, avoua-t-elle en 1990. Est-ce que je suis une gamine qui n'a rien dans le citron ou une femme qui a tout compris de la vie ? Je ne suis pas sûre de le savoir… Ou plutôt si, je le sais ça, mais je ne le dirai pas… Est-ce que je suis capable de jouer quelqu'un d'autre que Mathilde dans *Noce blanche* ? Des comédies, des trucs en costumes ? Je n'en sais rien, ça m'inquiète… »

Le succès ne cessa de l'accompagner. À dix-huit ans, en pleines fêtes de Noël 1990, elle eut droit à son propre show sur TF1. L'année suivante, elle devint l'égérie de Chanel, lançant le nouveau parfum Coco à travers un clip qui ne passa pas inaperçu. Elle était partout, riche, belle, célèbre et quelques rêves dans la tête.

« Les rêves symbolisent une sorte d'avenir, dit-elle en 1991. Or, je déteste prévoir car j'adore les surprises. Faire de la scène, faire des enfants, faire des voyages… Voilà, bien sûr, des embryons d'espoir qui ressemblent à des projets. Mais, peut-être, demain, ces horizons-là, j'en aurai marre… »

Un an plus tard, elle continuait de fonctionner à l'instinct, vivant ses passions au jour le jour, sans imaginer quel serait son avenir.

« J'ai vingt ans et j'ai envie de faire des choses qui me passionnent, déclara-t-elle. Le chemin parcouru, j'en jugerai quand je me retournerai. Pour le moment, j'avance. À l'instinct. Sur quelle expérience voulez-vous que je me fonde pour juger de ce qui est bon ou mauvais pour moi ? Mon expérience, je la fais au jour le jour sans idée arrêtée. »

Son aura se fit alors internationale : en 1992, son album se vendit à 250 000 exemplaires en France et 300 000 hors frontières. La presse anglo-saxonne notamment s'intéressa de très près à elle et un magazine comme *Vanity Fair* n'hésita pas à la comparer à Madonna !

La jeune fille qui se transformait en un authentique sex-symbol fuyait les ragots, le stress de la profession, la haine de certains jaloux et visait une vie différente de celle qu'on lui prêtait.

« Un rêve m'obsède de plus en plus, confessa-t-elle en 1992 : fonder une famille. Me marier et, surtout, avoir des enfants. On n'a jamais créé quelque chose de plus beau. Pour ça, si on me demandait d'arrêter ma carrière, je ne suis pas sûre que je n'obéirais pas. »

En mars 1993, elle se produisit avec succès à l'Olympia avant d'entamer une fructueuse tournée. Elle réalisait ainsi l'un de ses rêves : faire de la scène. Mais un rêve qui la mena au bord de l'épuisement et la força, sur les ordres de son médecin, à prendre un long repos forcé.

En 1994, désireuse de mettre une distance entre le stress de sa vie professionnelle et le calme dont elle a toujours eu besoin, elle décida de s'installer à New York, choisissant un appartement dans Manhattan, non loin de Soho et du « Village ».

« À New York, raconta-t-elle, je me lève tôt, je marche dans les rues, je passe mon temps à regarder les gens. Et, s'il m'arrive d'être reconnue, ce n'est pas pareil qu'ici. D'abord parce que là-bas, que tu sois clochard ou milliardaire, tout le monde se parle. »

Avait-elle changé ? Aucunement : ses aspirations restaient identiques.

« J'ai vingt et un ans, dit-elle. J'ai envie d'avoir des enfants depuis plus de cinq ans. Je sais que ce n'est pas raisonnable, qu'il faut attendre. Et puis, il faut rencontrer celui qui sera le père de ma nombreuse famille ! »

Bien entendu, elle n'abandonna jamais sa carrière, même si elle la géra différemment et, en 1995, décida de revenir au cinéma, cinq ans après son coup d'essai. Ce fut *Elisa*, réalisé par Jean Becker qui lui permit de jouer aux côtés de Gérard Depardieu.

« J'en avais envie, mais je ne voulais pas faire du cinéma pour faire du cinéma, expliqua-t-elle. Après le César, aucun projet ne m'a motivée. Mais les rôles de jeunes filles entre quinze et vingt ans sont très limités. Entre les teen-agers mal dans leur peau et les Lolita perverses, il n'y a pas grand-chose. Le seul long métrage que j'ai failli faire, c'est *Le Petit criminel* de Jacques Doillon. J'ai dû le refuser, car Serge Gainsbourg est entré dans ma vie professionnelle et sa présence est devenue plus importante que tout le reste. »

Ce film lui redonna le goût du cinéma. Elle retourna sur les plateaux avec *Un amour de sorcière* où elle eut pour partenaires Jeanne Moreau et Jean Reno. Continuant sur sa belle lancée cinématographique, elle fut à l'affiche de *Une chance sur deux* avec pour co-vedettes Jean-Paul Belmondo et Alain Delon, pas moins ! Son amitié avec le réalisateur Patrice Leconte lui permit d'enchaîner avec le troublant *La Fille sur le pont* où, cette fois, elle joua aux côtés de Daniel Auteuil. Après la chanson, Vanessa Paradis confirmait son talent de comédienne. Elle était une star, une vraie. Avec ce que cela comporte de désagréments.

Depuis ses débuts, la presse en tous genres, y compris la presse à scandale, en avait fait sa cible favorite, l'invitant à des interviews d'un côté et la traquant inexorablement de l'autre. Ses liaisons, réelles ou fictives, firent la une de certains magazines. Lenny Kravitz et Florent Pagny eurent une place importante dans sa vie mais bien d'autres noms furent avancés par la presse à scandale.

« Quand ils sortent la photo de la fille de Mitterrand, alors là tout le monde se révolte en disant : « De quel droit ne respectez-vous pas la vie privée ? », constata-t-elle amèrement en 1995. Nous, la nôtre, on doit accepter qu'elle soit traitée comme ça. On ne peut pas me toucher, me mettre la main sur l'épaule, sans que le mec soit mon mec la semaine suivante. Je passe vraiment pour une Marie-couche-toi-là ! »

À certains moments, Vanessa en eut tellement assez de cette pression constante qu'il y eut quelques bagarres mémorables avec des paparazzis.

Les choses prirent une ampleur démesurée en juin 1998 quand fut rendue publique l'idylle entre la star française et la star américaine, Vanessa Paradis et Johnny Depp.

Ce dernier s'était séparé de Kate Moss, ce que la presse n'avait pas manqué de relater. Cette fois, il avoua une part de responsabilité : trop accaparé par ses films, qui s'enchaînaient, il n'avait pas su consacrer suffisamment de temps à sa vie privée et à l'élue de son cœur. Laquelle élue était également très prise par un métier de plus en plus débordant. À force de ne pas se voir, ne valait-il pas mieux se quitter ? Ce qui fut fait.

Pourtant, avec Vanessa c'était une autre star qu'il courtisait. Certes, depuis son divorce d'avec Lori, tout le monde avait compris que Johnny cherchait des comédiennes, des chanteuses ou des top-models, bref des femmes capables de comprendre les aléas de sa vie et les difficultés de la célébrité, mais cette fois il avait mis la barre encore plus haut, car miss Paradis était quasiment considérée comme une idole dans son pays.

Ils s'étaient à nouveau rencontrés le plus naturellement du monde au bar du très select Hôtel Costes où Johnny avait invité Vanessa à boire un verre. La suite fut pratiquement du domaine public.

Les paparazzis ne les lâchèrent plus d'une semelle et furent, bien entendu, présents à Londres le soir du 29 janvier 1999 quand Johnny fut appréhendé par la police. Que s'était-il passé ? Une soirée des plus normales dans un restaurant du quartier de Mayfair. Jusqu'à ce que le propriétaire du restaurant demande à prendre des photos du couple. Johnny piqua une « grosse colère ». Les choses dégénérant, il y eut quelques dégâts…

Mais les deux amoureux comprirent qu'il était inutile de se cacher et, tout en préservant l'essentiel de leur vie privée, n'hésitèrent plus à avouer leur amour. Un amour si intense que, pour la première fois, Vanessa put inscrire la concrétisation d'un nouveau rêve à son actif : fonder une famille.

Et Lili Rose Melody vit le jour le 27 mai 1999 à l'Hôpital américain de Neuilly.

« Vanessa m'a offert le plus beau des cadeaux, dit alors Johnny Depp : un merveilleux enfant, une petite fille splendide…Tout ce que j'ai pu faire jusqu'au 27 mai 1999 était une illusion. La naissance de ma fille m'a donné la vie. »

La petite famille s'installa alors dans le sud de la France, dans une agréable petite localité sur les hauteurs de Saint-Tropez, entourée de forêts de pins. Les Depp-Paradis gardèrent également un pied-à-terre à Paris.

« C'est exceptionnel de vivre dans un lieu où la culture à sa place, où l'on respecte l'histoire, souligna Johnny. Les Français ont compris comment vivre… et ils savent manger. Mais on doit aussi faire face aux paparazzis qui essaient de nous photographier avec notre petite fille. Qu'ils fassent ce qu'ils veulent avec moi ou avec Vanessa, mais qu'ils laissent notre enfant tranquille ! »

Et si Johnny a plus d'une fois manifesté son attachement à la France, celle-ci le salua en 1999 lorsque les professionnels du cinéma français lui décernèrent un César d'honneur. Une récompense qui toucha beaucoup l'intéressé et le mit un peu mal à l'aise puisqu'il déclara :

« Je ne comprends vraiment pas le concept des prix en général et je déteste l'esprit de compétition. Le seul contre lequel je me bats, c'est moi ; pour aller plus loin à chaque fois dans mon travail. Personne n'est meilleur qu'un autre, nous sommes juste différents. »

Il ajouta qu'il appréciait la France parce qu'elle donnait une chance à l'art de rester vivant…

Comme elle l'avait promis, Vanessa Paradis, l'heureuse mère, mit sa carrière entre parenthèses pour se consacrer à sa fille pour laquelle elle finit par écrire une berceuse : « Il est temps mon petit ange de dormir un p'tit peu. On est là. Pas très loin, en fait. On est là. Et on compte tes battements de cils, tes soupirs quand tu t'endors… »

Revenant tout de même à la chanson, Vanessa sortit, en octobre 2000, un album qu'elle intitula *Bliss,* ce qui signifie « béatitude ».

« Quant on est amoureux de la bonne personne, d'une personne magnifique, on a envie de le crier sur les toits, déclara-t-elle. Et peut-être que si je n'étais pas quelqu'un de célèbre, je le ferais. Mais c'est déjà très difficile de parler des choses intimes avec son entourage, alors avec des gens qu'on ne connaît pas, comme les journalistes… En plus, les choses sont toujours abîmées, déformées et, après, je m'en veux d'en avoir trop dit. »

Johnny participa à cet album *Bliss*, écrivant la musique (en collaboration avec Vanessa) des chansons intitulées *Firmaman* et *Bliss*.

Un bonheur ne venant jamais seul, le mercredi 10 avril 2002 naquit Jack, le petit frère de Lilly-Rose…

Les observateurs cinéphiles notèrent que Lilly et Jack étaient les prénoms des deux personnages principaux du film romantique *Legend* de Ridley Scott.

Ces deux naissances mirent du baume au cœur des parents, transformèrent leurs vies mais ne leur interdirent pas de continuer leurs belles carrières. Ainsi, en 2004, Vanessa revint au cinéma avec deux films : *Atomik Circus* et *Mon ange*, qui ne rencontrèrent sans doute pas le succès espéré.

CHAPITRE 16

UN CAVALIER SURGIT DE LA NUIT

À la base du film *Sleepy Hollow* se trouve un conte de Washington Irving, *La Légende de Sleepy Hollow*, connu également sous le titre de *La Légende du Cavalier sans tête*.

L'auteur situa son action au XVIIIe siècle, dans un vallon ensom-meillé sur les bords de l'Hudson, là où vit une paisible communauté d'origine hollandaise. Dans cet endroit un peu retiré du monde circule une légende, celle d'un fantomatique cavalier sans tête qui fait montre d'une rare violence. On raconte qu'il décapite dans sa course folle tous ceux qu'il rencontre…

Pour autant, Irving n'écrivit pas une histoire fantastique au sens premier du terme. Introduisant beaucoup d'humour et une certaine ironie, il chercha, en quelque sorte, à dessiner un portrait de l'Amérique qui court après ses chimères.

Le personnage central en est Ichabod Crane qui arrive dans la paisible vallée du Val Dormant, dont Irving décrit avec amusement la vie au quotidien.

« Cette histoire de type sans tête qui décapitait tout sur son passage, c'était à la fois effrayant et amusant, affirma Tim Burton. J'ai voulu faire resurgir nos frayeurs d'enfants et mettre l'accent sur un héros, Ichabod, qui, confronté à un phénomène totalement irrationnel et qui le dépasse, se retranche derrière sa logique. »

Ce conte est célèbre aux États-Unis au point d'avoir été adapté à plusieurs reprises, sous des aspects bien différents, au cinéma et à la télévision. Une première version dès 1908, une autre en 1912 puis en 1922, 1934, 1958, 1970 1980… jusqu'à Walt Disney qui apporta sa propre vision à travers un dessin animé intitulé *The Adventures of Ichabod and Mr Toad*.

Toutes ces adaptations n'empêchèrent pas Tim Burton de s'intéresser à son tour au sujet quand il reçut le script. Son idée était moins de respecter le conte initial que de l'orienter vers une ambiance semi-parodique dans le style des *Dracula* et autres films fantastiques produits par la firme anglaise Hammer.

« J'adore tous les films que la Hammer a produits dans les années cinquante et soixante, expliqua-t-il, et ce scénario contenait un grand nombre de belles images d'épouvante classique. Ce qui m'a plu, c'est que le scénario respecte le récit dont il s'inspire mais l'emmène dans des territoires nouveaux. Il renferme aussi un mélange remarquable de tragédie et d'humour. Je connaissais l'histoire du Cavalier sans Tête surtout par le dessin animé de Disney. C'est l'un des rares récits d'épouvante de la littérature américaine. J'ignore quelle est exactement la nature de son pouvoir mais il existe une raison pour laquelle les gens n'oublient jamais le Cavalier sans Tête. C'est un symbole formidable. »

Bien entendu, Tim Burton ne se contenta pas de transposer un scénario sur l'écran, il l'intégra à son propre univers, le transformant en une œuvre onirique chargée de symboles. L'un d'eux était d'ailleurs le personnage d'Ichabod Crane, policier à la fois excentrique et consciencieux, partisan d'une conception avant-gardiste de l'investigation criminelle.

« Au fond, releva Burton, Ichabod est à la fois en retard et en avance sur son temps. Et ce sont les aspects contradictoires de son personnage qui sont toujours amusants et intéressants. Une des images que j'ai eues à l'esprit est celle de l'opposition entre un personnage qui vit dans sa tête et un autre qui n'a pas de tête, ce qui m'a toujours paru un symbole merveilleux. »

* * *

Pour donner vie à Ichabod, Tim Burton n'hésita pas longtemps : ce ne pouvait être que Johnny Depp. Il le connaissait depuis une dizaine d'années, avait déjà tourné deux films avec lui et était resté en contact permanent.

« J'adore Johnny parce qu'il est prêt à tout essayer, dit Tim. J'aime les acteurs qui prennent plaisir à se transformer et n'ont pas peu de se salir, d'être débraillés et de patauger dans la gadoue. »

« Au départ, précisa de son côté le comédien, ce qui m'a motivé c'est l'occasion de retravailler avec Tim. C'est un grand visionnaire. Mais il y avait un plus : j'adore cette histoire et j'ai toujours aimé le côté culte du Cavalier sans Tête. C'est un grand classique, mais je savais que Tim y ajouterait sa patte et en ferait quelque chose d'original… Ce qu'il y avait de passionnant, pour moi, dans la perspective d'interpréter ce personnage c'était l'idée d'être sans cesse sur la corde raide entre le jeu sincère et la nécessité d'en faire un petit peu trop, dans le style des films d'épouvante de la Hammer avec Peter Cushing et Christopher Lee. J'aimais aussi l'idée de jouer un jeune premier un peu atypique. Ichabod a des tas de tics nerveux. Délicat, il s'effarouche d'un rien. Il est extrêmement coincé. Il est peu comme une corde tendue et prête à se rompre à chaque instant. »

L'acteur n'hésita pas une seconde.

« Lorsque Tim m'a appelé, ajouta-t-il, je lui ai répondu oui avant même qu'il ait terminé sa phrase. Même s'il m'avait proposé de jouer un petit rôle de servante, j'aurais accepté. Il vous donne une entière liberté, vous pousse à dépasser vos limites. On n'a plus peur de rien, on a seulement envie d'être bon, rien que pour lui faire plaisir. »

Et Depp fut aux anges lorsqu'il lui apprit que Christopher Lee en personne ferait une apparition dans le film, dans le rôle du magistrat qui envoie Ichabod à Sleepy Hollow.

« Christopher est vraiment une force sur laquelle il faut compter, déclara Johnny. Quand on joue avec lui une scène au cours de laquelle il vous foudroie du regard et vous crie sous le nez, on ne peut plus penser qu'une chose : « Mon Dieu, Dracula ! »… »

Si la base du personnage d'Ichabod se trouve dans le récit de Washington Irving, Johnny modela son interprétation en s'inspirant de divers comédiens parmi lesquels le regretté Roddy McDowall avec lequel il avait noué de très forts liens d'amitié, mais aussi Angela Lansbury telle qu'elle apparaissait dans *Mort sur le Nil*, Richard Grant dans *Whitnail and I* ainsi que le Sherlock Holmes joué par Basil Rathbone. Un savant mélange, une étrange chimie.

Il eut, par contre, des discussions avec Burton sur l'apparence d'Ichabod. Se basant sur le livre, Johnny voulut en faire un personnage physiquement peu attirant et songea même à se camoufler derrière des prothèses. Mais le réalisateur, au contraire, voulait conserver une apparence séduisante qui rendrait les tics d'Ichabod d'autant plus étranges. Il obtint gain de cause.

* * *

Pour renforcer le côté « hommage aux films de la Hammer », Tim Burton fit projeter plusieurs titres de cette riche collection à son équipe afin de leur montrer ce qu'il visait.

« Ils sont beaux ces films, dit-il. C'est vraiment une forme d'art et c'est le genre cinématographique que je préfère. »

De plus, après avoir visité de nombreux villages fondés par des immigrants hollandais dans le nord de l'État de New York, ainsi que la vallée de l'Hudson où se trouve la vraie ville de Sleepy Hollow, il préféra installer ses caméras en Angleterre et récréer une grande partie du village en studio.

« Ce qui est formidable, constata Tim, c'est d'essayer de prendre quelque chose d'irréel et de le rendre réel, c'est ça qui me passionne. C'est toujours un vrai défi. »

Pour les extérieurs, Burton fit également construire un village sur dix hectares dans une propriété privée anglaise, le domaine de Hambleden, dans la Lime Tree Valley, au nord de Londres.

Le tournage débuta donc le 20 novembre 1998 aux studios Leavesden.

Comme prévu, Tim Burton rendit directement hommage aux films de la Hammer mais également au dessin animé de Disney, notamment dans la scène de traversée du pont avec les grenouilles. Il y eut d'autres hommages : *Les 39 marches* d'Hitchcock, les Frankenstein joués par Boris Karloff et même *Beetlejuice et L'Étrange Noël de M. Jack* de… Tim Burton

Johnny sympathisa avec l'ensemble de la production, tant techniciens qu'acteurs, jusque et y compris son cheval. Baptisé Goldeneye, il personnifia Gumpowder, le cheval d'Ichabod. Quand, à la fin du tournage, Depp apprit que cet animal risquait de finir à l'abattoir, il décida de l'adopter sur-le-champ.

Presque un an jour pour jour après le début des prises de vues, *Sleepy Hollow* sortit sur les écrans. Ce délai était justifié par l'intrusion de trucages numériques, y compris l'effacement de la tête du Cavalier sans Tête, réalisés par Industrial Light and Magic, la firme de George Lucas, et Computer Film Company.

Cette production connut un énorme succès et fut même le premier film avec Johnny Depp à franchir la barre symbolique des cent millions de dollars de recettes aux États-Unis. Et il récolta 105 autres millions dans le reste du monde.

Avec ce film, Johnny Depp devenait une star « bankable » c'est-à-dire un acteur susceptible d'attirer les foules et sur lequel il allait falloir beaucoup compter.

CHAPITRE 17

GOURMANDISES

Sur un plan professionnel, la fin du XXe siècle fut particulièrement riche pour Johnny Depp. En 1999, il avait tourné trois films, *La Neuvième Porte, Intrusion* et *Sleepy Hollow* et donné la réplique à trois charmantes comédiennes, Emmanuelle Seigner, Charlize Theron et Christina Ricci. En 2000, il tourna trois autres films, *Les Larmes d'un homme*, *Chocolat* et *Blow* qui lui donnèrent l'occasion de retrouver Christina Ricci et de jouer aux côtés de Juliette Binoche puis de Penelope Cruz.

Chacune de ces œuvres eut, à des niveaux différents, son importance dans la carrière de Johnny.

Ainsi *Les Larmes d'un homme* (*The Man Who Cried*) lui valut d'être dirigé pour la première fois par une femme. Ancienne danseuse et chorégraphe, Sally Potter avait beaucoup travaillé au théâtre avant de se diriger vers le cinéma et de connaître son premier succès international avec *Orlando* d'après le roman de Virginia Woolf.

Cette fois, elle écrivit une histoire très musicale dans laquelle s'imbriquent quatre destins. Au centre se trouve celui d'une une petite fille juive, Fegele, qui doit changer de religion et de nom pour devenir Suzie. Femme, elle croise le chemin de César, un Tsigane dresseur de chevaux ; de Lola, une ambitieuse danseuse russe ; et de Dante, un arrogant chanteur d'opéra italien.

« Ceux qu'elle croise sur sa route s'efforcent eux aussi de survivre chacun à leur façon, souligna Sally Potter. À la base, leur combat est personnel – la lutte pour l'amitié, pour l'argent, la puissance, l'amour. Mais la menace de guerre instaure des enjeux plus élevés. La survie devient cruciale, tout devient une question de vie ou de mort. Les choix, moraux ou politiques, que font les quatre personnages principaux sous cette terrible pression définissent ce qu'ils sont. »

Sally Potter eut la chance, et la force de conviction, de réunir exactement le casting qu'elle s'était fixé dès le départ. Se retrouvèrent ainsi devant sa caméra Christina Ricci, Cate Blanchett et John Turturro. Plus Johnny Depp qui hérita du personnage de César, ce mystérieux Tzigane passionné de chevaux. Un rôle vers lequel il fonça immédiatement car il l'amenait à se rapprocher à nouveau des minorités. Après les Indiens, les Tziganes.

« Cette histoire va droit au cœur et à l'esprit puis les dépasse, observa-t-il. Les mots sont secondaires. Je voulais explorer ce que les bohémiens ont vécu durant la Seconde Guerre mondiale. À l'instar des Indiens d'Amérique, ils ont été exclus, chassés de tous les endroits où ils ont essayé de s'installer. Les bohémiens ont connu le même destin, leur peuple a pratiquement disparu après que les nazis en eurent fini avec eux. J'ai aimé que César soit un personnage stoïque, qu'il garde ses émotions enfermées à l'intérieur. Sally sait comment utiliser des images fortes sans faire appel à beaucoup de mots ; et exprimer une émotion ou une pensée avec votre être, votre corps, sans le recours au langage, est un challenge pour n'importe quel acteur. »

Ce que Johnny n'avait pas réussi à obtenir auprès de Tim Burton pour *Sleepy Hollow*, il l'obtint de Sally Potter : une transformation physique. Il n'alla pas jusqu'à porter une prothèse ni un maquillage outrancier mais demanda à arborer des dents en or.

Le premier jour de tournage des *Larmes d'un homme* constitua plus qu'un événement, puisqu'il eut pour cadre la mythique place de la Concorde à Paris. Après des semaines de négociation avec la mairie de Paris, la production avait obtenu l'autorisation de fermer la place et Sally put filmer ses images entre minuit et six heures du matin le 4 septembre 1999. Plus de voitures, plus de bus, plus de deux-roues, plus de bruit, seulement trois cavaliers tziganes suivis par une jeune femme à bicyclette…

Le résultat n'enthousiasma pas les foules et cette production connut un gros échec au box-office.

* * *

Le Chocolat permit à Johnny de retrouver Lasse Hallström, sept ans après *Gilbert Grape.*

« Dans *Le Chocolat*, j'ai vu un type très sûr de lui, ce que je n'avais pas vu sur *Gilbert Grape*, souligna le cinéaste. J'ai vu un homme bien plus à son aise face à la caméra… Johnny Depp a apporté une extraordinaire présence à son personnage, une qualité de meneur de jeu. Il m'impressionne toujours, ses choix sons judicieux, très précis et, sur le plan humain, c'est quelqu'un de profondément gentil. »

Ce film se voulait une fable humoristique sur le thème du plaisir et son pouvoir magique avec, en guise de fil conducteur, la « révolution » qui éclate dans une petite ville du cœur de la France où rien n'a changé depuis des années: l'arrivée d'une jeune femme qui ouvre une confiserie où elle semble posséder le don de deviner les désirs cachés de ses clients.

« *Le Chocolat* m'offrait la possibilité d'explorer un assortiment d'excentricités, souligna Hallström. Les personnages de cette histoire sont pleins de contradictions, ce qui les rend vivants et les fait entrer dans nos cœurs. Vianne, l'héroïne, est un esprit vraiment libre, mais elle aussi est prisonnière de son destin. Son ennemi, le comte de Reynaud, semble diriger sa vie mais il est enfermé dans sa notion de la tradition. Le comte de Reynaud ne voit dans les villageois que péchés et erreurs, Vianne voit en eux des êtres humains avec des faiblesses qui peuvent être pardonnées. »

Juliette Binoche devint Vianne, ce qui l'obligea de suivre, amusée, des cours au sein d'une école de cuisine du chocolat. Et Johnny joua Roux, le vagabond, voyageur, rôle qui lui permit de renouer avec Lasse Hallström.

« Je ferais pratiquement n'importe quoi pour Lasse, dit-il, mais ce film est une très belle histoire d'amour sur un scénario magnifiquement écrit. Il convenait à merveille à Lasse, c'est le genre de choses qu'il aime et sait raconter. Il aime les histoires qui ont quelque chose à dire et le font d'une façon drôle et différente. »

Johnny joua donc un jeune homme épris de voyage, à la vie mouvementée, très épris de la musique de Django Reinhardt.

« Roux est le genre de type qui pose ses valises dans un village et joue un moment dans la rue, se fait un peu d'argent, puis repart, poursuivit-il. Il pourrait être un thème de blues… C'est la première fois que je joue vraiment de la guitare dans un film – pour *Cry Baby*, je faisais seulement semblant. »

Le tournage, à Flavigny-sur-Ozrain, lui permit également de mieux connaître certains charmes de la France, tout en lui donnant la possibilité de jouer avec Juliette Binoche, actrice adulée tant dans son pays qu'aux États-Unis.

« Jouer avec Juliette Binoche a été un moment formidable, dit-il. Elle est belle, chaleureuse. Comment ne pas tomber amoureux d'elle ?… C'est une actrice qui s'implique intensément. Si l'art est possible au cinéma, alors Juliette est celle qui s'en approche le plus. »

Unique bémol : Johnny Depp n'aime pas le chocolat !

Par contre, les spectateurs surent apprécier ce *Chocolat* : 153 millions de dollars de recettes mondiales.

Dans les années 70, la cocaïne était devenue un véritable phénomène de société, passant de la drogue peu connue à celui d'un produit réclamé dans le monde entier, y compris par les gens les plus riches de la planète, dont ceux du show-business. Ce qui fit écrire au magazine américain *Newsweek* dès le 30 mai 1977 :

« Dans les milieux les plus huppés de Los Angeles et de New York, outre le Dom Pérignon et le caviar, il est de rigueur d'offrir de la cocaïne. Certains proposent le produit sur des plateaux d'argent, comme des petits fours… L'utilisateur éprouve un sentiment de puissance, de confiance en soi, d'énergie. »

Ce que le grand public ne savait pas était que derrière l'implantation de la cocaïne aux États-Unis se cachait un homme. Il se nommait George Jung et ressemblait à l'Américain moyen à cette différence près qu'il était prêt à tout pour réaliser son rêve. Et son rêve était celui de la plupart de ses concitoyens : gagner beaucoup d'argent le plus rapidement possible. Ce Jung se mit en rapport avec le cartel de Colombie, producteur de drogue, pour approvisionner les riches étudiants américains ainsi que le Tout-Hollywood. Il gagna effectivement énormément d'argent mais s'y brûla les ailes.

Plus d'une vingtaine d'années plus tard, le cinéaste Ted Demme décida de s'intéresser à ce destin peu banal à travers un film qu'il intitula *Blow*, d'après un livre de Bruce Porter.

« *Blow* raconte à la fois le destin d'un homme et trente ans de la culture américaine à travers un commerce illégal, rapporta-t-il. Un mélange explosif ! C'est une histoire étonnamment tragique et, en même temps, excitante et amusante parce que, après tout, il s'agit toujours de « Sexe, drogue et rock'n' roll ». Il est question d'une période de l'histoire américaine où tout était en pleine transformation, on passait de l'innocence au cynisme, du nudisme à la cocaïne… Mais c'est aussi, pour moi, une histoire très personnelle parce que j'ai vu nombre de mes amis touchés par les effets de la drogue et de son commerce. »

Jung ne fut pas seulement un incroyable profiteur, profitant à la fois d'une situation illégale et de la vie en général. Il symbolise, aux yeux de Demme, l'Amérique de ces années-là qui, comme c'était déjà évoqué dans *Las Vegas Parano*, perd son innocence pour entrer de manière brutale dans une nouvelle ère faite de violence et de chaos.

« L'histoire de George Jung est celle d'un rêve américain qui finit terriblement mal, ajouta le cinéaste. Un très jeune homme dans une toute petite ville met son talent et ses rêves au profit du trafic de cocaïne à grande échelle.

Il voulait contrôler sa destinée, vivre selon ses propres lois – c'est le rêve de beaucoup d'entre nous –, et il a trouvé une façon de le faire et de devenir riche. Pour moi, George Jung est un personnage de tragédie émouvant, un homme qui finit par réaliser le prix trop lourd à payer pour l'existence en marge qu'il a menée. »

Aux yeux du metteur en scène, ce rôle, avec ses contradictions, son évolution, ses doutes et ses certitudes, ne pouvait convenir à n'importe quel acteur. C'est pourquoi il opta pour Johnny Depp.

« C'est un acteur unique, précisa-t-il, et il joue toujours vrai. Depuis le premier jour, il est George Jung et les nuances qu'il a apportées au rôle n'ont jamais cessé de me stupéfier. Il a un instinct sûr, non seulement en tant qu'acteur mais en tant qu'individu. »

Opinion partagée par le producteur Joël Sillerman, qui ajouta :

« Nous savions que la clé du rôle de George Jung résidait dans la subtilité et l'intelligence que l'acteur pourrait lui apporter. Il fallait faire de lui davantage qu'un simple trafiquant de drogue, il fallait faire ressentir un être humain d'une grande richesse. Johnny apporte à ses personnages une profondeur, une dimension cérébrale qui les emmènent dans des directions inattendues. »

Nouveau personnage ayant existé pour Johnny, après Ed Wood et Donnie Brasco. Comme avec ce dernier, il posa la condition de pouvoir rencontrer son modèle. Cette fois, il n'eut plus affaire avec un agent du FBI se cachant, mais avec un trafiquant derrière les barreaux puisque Jung fut condamné à la détention jusqu'en 2015. Johnny alla, donc, le rencontrer en prison à plusieurs reprises et lui posa de nombreuses questions pour mieux comprendre le pourquoi et le comment de sa vie brûlée par tous les bouts.

« George se considère vraiment comme un pirate des temps modernes, constata-t-il. Il ne croyait ni au système, ni à la politique, ni aux lois, ni aux patrons. Il voulait se tenir à l'écart de tout cela et vivre intensément. Il ne voulait pas finir avec un travail comme celui de son père. Il éprouvait une profonde soif de liberté. Mais tout lui a échappé. Il a tout perdu, même ceux qu'il aimait. Je comprends son ascension vertigineuse vers la gloire et la fortune. »

Depp se sentit-il des points communs avec ce Jung ?

« Cela me rappelle mes débuts de comédien, répondit-il. Je ne voulais pas du tout faire ce métier au départ. Mais j'ai commencé à gagner plus d'argent que je n'en avais vu de toute ma vie... Une chose en amenant une autre, tout a décollé et il n'y avait plus moyen d'arrêter. Je crois que dans un autre domaine, c'est ce qui est arrivé à George. Pour lui, il s'agissait juste de faire des affaires, un peu comme Coca-Cola ou McDonald's. Au départ, il voulait juste lancer un nouveau produit. Et il était même soutenu par des politiciens à un très haut niveau. Aujourd'hui, il a pris conscience d'avoir commis des actes vraiment néfastes.»

Étonnamment, Jung ne fut pas le premier prisonnier auprès duquel s'approcha Johnny Depp. Quelques mois avant de s'intéresser à *Blow*, il avait caressé le projet de jouer à l'écran Charles Manson, sorte de gourou satanique connu pour avoir, avec sa bande, sauvagement assassiné Sharon Tate, épouse de Roman Polanski. Johnny chercha à rencontrer ce personnage avant de l'incarner. La prison californienne de Corcoran lui expliqua que la seule issue possible était d'adresser un courrier à Manson pour solliciter une rencontre. Manson pouvait accepter ou refuser selon son bon vouloir, sachant, tout de même, qu'il détestait les visites. Johnny écrivit donc sa lettre... à laquelle il n'obtint aucune réponse.

Heureusement, du côté de George Jung l'accueil fut plus agréable...

Ainsi qu'il aimait à le faire, Johnny s'investit complètement dans son rôle à la fois pour bien comprendre les motivations de Jung et pour mieux les restituer à l'écran. Il plongea également dans les détails de l'incroyable vie de Jung, cherchant notamment à savoir comment il avait échappé si longtemps au FBI et aux ennemis de tout poil.

«Je me suis longtemps demandé comment il avait réussi tout cela, souligna-t-il, et je crois que tout est une question d'adrénaline. Il avait besoin de ce coup de fouet, d'être tout le temps sur le fil du rasoir. L'excitation et le danger sont devenus ses moteurs, la drogue était juste un à-côté. Il aimait tout simplement être un pirate, faire les choses à sa façon. Il ne s'est jamais considéré comme un méchant. Il faisait juste de l'argent selon ses propres lois, en donnant aux gens ce qu'ils voulaient.»

Et, comme précédemment, il se sentit une responsabilité vis à vis de l'homme à qui il empruntait, en quelque sorte, des fragments de vie.

«Je ressens une grande responsabilité envers George Jung, confirma-t-il, parce qu'il est dans une cellule, sans la moindre possibilité de libération sur parole, pour des années. Je ne pensais pas passer autant de temps avec lui, mais, un jour, j'ai brusquement ressenti le personnage; il était là, en place. C'est un moment intense quand vous vous voyez penser, bouger et parler comme quelqu'un d'autre. C'est pour moi la chose la plus excitante qui soit.»

De fait, dès son arrivée sur le plateau de *Blow*, Johnny sidéra tout le monde par la justesse de son ton et le mimétisme qui est le sien.

« Nous avons tous été stupéfaits d'assister à sa transformation, déclara la productrice exécutive Georgia Kacandes. Johnny a adopté la même gestuelle que George. Étrangement, il a même commencé à lui ressembler physiquement. Il y a eu un glissement subtil en Johnny entre le moment où George en est à ses débuts et celui où il se détériore littéralement sous l'effet du stress et de la cocaïne. Son corps s'est affaissé sur lui-même. Il personnifiait physiquement le rôle. Cela reposait surtout sur quelque chose de psychique. »

Ted Demme sentit Johnny tellement imprégné par son rôle qu'il le laissa à plus d'un moment improviser à partir du canevas contenu dans le scénario. Cela lui donna une plus grande liberté et une plus grande aisance durant tout le tournage. Mais il n'en profita pas pour s'éloigner de son rôle, bien au contraire.

« J'espère que l'on se rendra compte que George est seulement un être humain qui s'est fait prendre dans quelque chose de très mauvais, avança l'acteur. À présent, il a suffisamment payé. Il ne sortira pas de prison avant ses soixante-douze ans. D'autres que lui, impliqués dans le même genre de trafic, en ont prix pour deux ou trois ans. Je pense qu'il a payé sa dette. Ce qui est sûr, c'est qu'il ne reviendra jamais en arrière, qu'il ne retournera jamais à cette vie. »

Comme dans pratiquement tous ses films, Johnny le sex-symbol eut droit, en guise de partenaire, à une séduisante jeune femme. Cette fois il s'agit de Penelope Cruz, qui avait fait bien du chemin depuis son Espagne natale.

« Travailler avec Johnny Depp, dit-elle, était une chance. C'est l'un des êtres les plus particuliers que j'aie rencontrés. Il a un charisme magique, il n'a pas besoin de se forcer pour séduire. Je ne sais pas si l'on naît avec cette qualité ou s'il faut la travailler, mais c'est très rare. »

Les prises de vues eurent pour cadre la Californie du Sud et le Mexique. Les acteurs eurent droit, en guise de cocaïne, à du lait en poudre ! Johnny en ingurgita une telle quantité qu'il finit par souffrir de nausées et de maux d'estomac.

Blow réunit 84 millions de dollars dans le monde entier. Difficile de parler d'un franc succès.

Triste ironie du sort : Ted Demme décéda d'une attaque cardiaque moins d'un an après la sortie du film. On décela des traces de cocaïne dans son sang…

Intrusion (The Astronaut's Wife), 1999. © New Line Cinema Productions

Sleepy Hollow, 1999. © Peter Koberger/Dukas

Les larmes d'un homme (The Man Who Cried), 2000. © Universal Pictures

Avant la Nuit, 2000. © Grandview Pictures/El Mar Pictures

Chocolat, 2000. © Sipa/Dukas

Chocolat, 2000. © Koberger Peter/Dukas

Blow, 2001. © Spanki Pictures

From Hell, 2001. © Underworld Pictures

From Hell, 2001. © Underworld Pictures

Pirates des Caraïbes, 2003. © Gamma/Dukas

Pirates des Caraïbes, 2003. © Gaumont Buena Vista

Desperado 2, 2002. © Miramax International/Columbia Pictures

Fenêtre secrète, (Secret Window), 2003.

Finding Neverland, 2004. © Gamma/Dukas

Finding Neverland, 2004. © Miramax Films

Charlie et la chocolaterie, 2004.
© Dukas

The Libertine, 2004.
© Odyssey Entertainment

Golden Globe Awards 2004. © Hahn-Khayat/ABACA/Dukas

Johnny Depp et Vanessa Paradis à la première de *Desperado 2.*
©Adam Nemser/Dukas

Chapitre 18

LES MAUDITS

Entre deux prestations, Johnny Depp alla faire un tour sur le plateau d'un pur film d'auteur au budget des plus réduits. Il s'agissait d'une réalisation de Julian Schnabel intitulée *Avant la Nuit* (*Before the Night*) et racontant la vie de l'écrivain cubain dissident Roberto Arenas qui réussit à fuir le régime de Fidel Castro après avoir été emprisonné pour homosexualité.

Pour Johnny, ce ne fut qu'un petit rôle qui lui permit de se déguiser... en drag queen ! Il avait expliqué à Schnabel qu'il tenait absolument à participer à son projet, d'une manière ou d'une autre, et qu'il refusait d'être payé. Son arrivée sur le plateau fut des plus remarquées et, comme le souligna son ami Benicio Del Toro, présent lui aussi : « Quand il est arrivé en fille, nous sommes tous tombés amoureux ! »

Pour le réalisateur, ce geste totalement spontané de Depp prouve sa générosité.

Mais l'un des films les plus importants et, probablement, les plus ambitieux de cette période auxquels ait participé Johnny Depp reste le très étonnant *From Hell* qui porte un nouveau regard sur le mythe de Jack l'Éventreur.

Cet énigmatique personnage avait déjà fait couler beaucoup d'encre et donné lieu à bien des films. Il est vrai que l'on sait peu de chose sur celui que l'on considère comme le premier « serial killer » des temps modernes, cet homme qui, en 1888, dans des quartiers sordides de Londres, commit en l'espace de dix semaines sept meurtres d'une violence sans précédent et d'une précision quasi chirurgicale. Officiellement, celui que l'on surnomma Jack l'Éventreur ne fut jamais identifié mais les rumeurs les plus folles coururent sur son compte.

À la fin du XXe siècle, deux auteurs, Alan Moore et Eddie Campbell, reprirent l'une des thèses avancées – celle d'un complot ourdi par les plus hautes instances pour protéger un membre de la famille royale – dans le cadre d'un « roman graphique » c'est-à-dire d'une œuvre située à mi-chemin entre le roman et la bande dessinée. Ils l'intitulèrent *From Hell* (titre emprunté à l'une des lettres attribuées à Jack l'Éventreur) et cette œuvre audacieuse conquit un large public.

Au sein de celui-ci se trouvaient les frères Hughes, deux cinéastes qui s'étaient fait remarquer à l'âge de vingt ans avec le film *Menace II Society* qui racontait la vie dans un ghetto noir. Or, justement, ils virent dans *From Hell*, au-delà de la recherche de l'assassin, une histoire de ghetto, celui de Whitechapel, ou survivaient dans des conditions difficiles les gens les plus pauvres de Londres.

«*From Hell* est une histoire de ghetto, affirmèrent-ils. Elle parle de pauvreté, de violence et de corruption, autant de thèmes abordés dans nos films précédents et qui nous fascinent depuis longtemps. Les personnages, cette fois, se trouvent êtres blancs mais les pauvres n'ont-ils pas tous les mêmes problèmes ?... Nous nous sommes aussi intéressés à la psychologie de Jack l'Éventreur, à son comportement, et à l'hystérie collective qu'il déchaîna.»

D'où leur volonté de s'intéresser en premier lieu aux victimes du tueur.

«Le challenge fut, pour nous, d'aborder ce mystère sous un angle nouveau, d'employer notre imagination à lui donner une dimension supplémentaire, ajoutèrent-ils. Les proies de Jack l'Éventreur ont été les grandes oubliées de sa légende. Nous avons voulu leur redonner vie. Elles ne furent pas seulement des victimes, mais des êtres humais.»

Ils mirent sur pied une production que, pour des raisons budgétaires, ils décidèrent d'aller tourner à Prague où serait reconstitué le quartier de Whitechapel. Dans le livre, comme dans leur film, le personnage central n'était pas Jack lui-même, contrairement à nombre de productions précédentes, mais Fred Abberline, un étonnant policier rejeté par ses supérieurs en raison de son comportement peu flexible, mais capable de résultats surprenants.

Les frères Hughes commencèrent par aller proposer ce rôle à Daniel Day-Lewis qui, après réflexion, le refusa. Un peu désorientés, ils s'adressèrent à Sean Connery. Nouveau refus. Puis ce furent Jude Law et Brad Pitt. L'affaire ne se fit pas. Alors, ils firent la connaissance de Johnny Depp pour lui parler d'un tout autre projet. En cours de conversation surgit le nom de Jack l'Éventreur. L'acteur affirma qu'il s'intéressait beaucoup à ce personnage et les deux cinéastes lui répondirent qu'ils disposaient d'un scénario.

«J'ai demandé à le lire, raconta Johnny, et je l'ai trouvé passionnant. On en resta cependant là jusqu'à ce qu'ils m'appellent soudain pour me proposer de jouer Abberline ! Leurs deux premiers films m'avaient enthousiasmé. *From Hell* porte la marque de leur intérêt passionné pour ce sujet. Je n'ai jamais vu aucun réalisateur se documenter aussi minutieusement qu'eux. Je connais l'histoire à fond et je sais les questions qu'il faut poser à son propos. Eux connaissent les réponses... »

De fait, Depp n'avait pas attendu les frères Hughes pour se pencher sur l'énigme de ce serial killer.

« J'ai toujours été fasciné par notre part d'ombre, dit-il, surtout dans ma jeunesse. Je possède au moins vingt-cinq ouvrages sur cette affaire qui a donné lieu aux interprétations les plus diverses. Impossible de départager les thèses, qui ont toutes leurs mérites. On ne saura probablement jamais le fin mot de l'histoire. »

Ce qui l'intéressait, tout autant que l'identité de ce Jack, était le phénomène médiatique qui se créa autour de lui.

« Avant Jack l'Éventreur, nota-t-il, on comptait à Londres quelques dizaines de journaux. Au pus fort de la vague de meurtres, il en paraissait plusieurs centaines. Création de la presse populaire, Jack devient la première star des tabloïds ! »

Bien entendu, tout en complétant sa connaissance du mythe, il s'intéressa de très près à son rôle d'inspecteur Abberline, enquêteur singulier qui, par certains côtés, pouvait rappeler celui de *Sleepy Hollow*.

« Abberline a subi un coup très dur, remarqua-t-il. Il a perdu sa femme et son enfant et n'arrive à survivre que grâce à l'opium qui tour à tour stimule et émousse ses facultés intellectuelles. »

Comme prévu, le tournage eut lieu à Prague et dans ses environs, notamment aux studios Barrandov et sur un terrain de huit hectares où fut recréé avec une rare précision le quartier de Whitechapel.

« Johnny n'aborde pas seulement le rôle d'Abberline avec ses remarquables dons d'acteur, souligna Allen Hughes, mais également son aura personnelle, sa capacité à exprimer les émotions les plus diverses sans dire un mot. Il est sensible à des nuances et un sous-texte qui échappent à la plupart des autres acteurs. »

Durant tout le tournage, les frères Hughes cherchèrent à respecter les moindres détails. Non seulement dans les décors et les costumes mais également en ce qui concernait les meurtres eux-mêmes. Non content d'essayer de recréer le cadre précis et les conditions dans lesquelles ils furent commis, les deux frères allèrent jusqu'à faire reproduire fidèlement sur des mannequins les blessures des victimes. Ils reprirent également des phrases des rapports de police pour décrire la progression de l'enquête.

Mais, en respectant le roman initial, ils ne purent s'empêcher de commettre quelques impairs historiques, dont ils eurent parfaitement conscience. Ainsi l'inspecteur Abberline ne travailla jamais avec le sergent Godley, présenté comme son assistant dans le film et brillamment interprété par Robbie Coltrane. Certains historiens affirment même que, bien qu'enquêtant sur la même affaire, ils ne se rencontrèrent qu'au moment de l'arrestation de George Chapman, l'un des suspects. Quant au vrai inspecteur Abberline, il était plus âgé que Johnny Depp !

* * *

Et vint le 11 septembre 2001.

« Il ne s'agit pas seulement d'un crime contre la bannière étoilée, mais d'un crime contre toutes les démocraties qui défendent nos libertés, estima Johnny Depp. J'étais en France lorsque j'ai vu ces zincs télescoper les tours du World Trade Center. J'étais bouche bée. Littéralement en état de choc. Au fil des heures, j'ai éprouvé comme un sentiment de culpabilité. J'étais coupable de ne pas être aux côtés de mes compatriotes pour les soutenir dans cette épreuve. Coupable de ne pas être là pour filer un coup de main aux pompiers. Depuis ce dramatique événement, étrangement, je ne me suis jamais senti si fier d'être américain. Et puis j'ai regardé ma petite fille de deux ans et demi, un concentré de pure innocence, et je me suis dit : « Mais dans quel monde ma gamine va-t-elle grandir ? » À ce moment-là, j'ai tremblé. »

Quelques semaines après cet attentat, Johnny dut affronter les innombrables contrôles et une espèce de peur internationale pour prendre l'avion afin de se rendre aux États-Unis où il devait assurer la promotion de *From Hell*.

« Ma préoccupation la plus immédiate, confia-t-il, est de retourner auprès de ma famille et de retrouver mes deux femmes (Vanessa et Lily-Rose). Pour le reste, je ne sais pas. Je ne peux pas dire que j'ai très envie de mettre ma fille de deux ans et demi et ma compagne dans un avion. »

* * *

Au final, *From Hell* fut une totale réussite. Les frères Hughes étaient parvenus à créer une ambiance envoûtante tout en développant une intrigue subtile et plausible. De plus, ils présentaient un inspecteur résolument pas comme les autres, auquel Johnny Depp apportait toute sa sensibilité et la part d'ombre qui lui est si chère.

Pourtant, et ce fut une désagréable surprise, ce film ne récolta que 75 millions de dollars de recettes mondiales.

Mais au moins *From Hell* connut-il un destin moins funeste que *L'Homme qui tua Don Quichotte (The Man Who Killed Don Quixote)*...

C'était un projet un peu fou, complètement démesuré, comme les aime Terry Gilliam. Un projet qui l'occupa pendant une dizaine d'années et qu'il mit tout pour concrétiser. En vain.

L'idée de départ était d'apporter sa propre vision de l'histoire de Don Quichotte et Sancho Pança inventée par Cervantès. Mais, quand il alla voir les producteurs américains, il n'essuya que des refus. On lui expliqua que les précédents films traitant de Don Quichotte avaient tous été des échecs, ce qui était vrai. Ce pour la bonne raison que Cervantès ne raconte pas vraiment une histoire mais met en scène des personnages. Mais, justement, Gilliam voulait inventer une histoire autour de Don Quichotte et non sur Don Quichotte ! Peine perdue... De plus, ajoutèrent certains, le sujet devait être « maudit » si l'on compte le nombre de projets non aboutis qu'il avait engendrés. Même Orson Welles s'y était cassé les dents, ce qui était vrai également.

Mais il en fallait plus pour faire reculer Terry Gilliam. Quand on est capable de réaliser *Brazil*, on est capable de surmonter bien des difficultés.

Ne trouvant pas terre d'accueil aux États-Unis, il se tourna vers l'Europe et plus particulièrement vers la France où le producteur René Cleitman l'écouta d'une oreille attentive. Il finit par accepter de participer au financement de *L'Homme qui tua Don Quichotte* à condition de serrer le budget au maximum : 32 millions de dollars, tout de même.

Terry Gilliam avait notamment réussi à intéresser, grâce à son casting idéal : Jean Rochefort en Don Quichotte, Johnny Depp en Toby, le personnage central, et Vanessa Paradis en Dolores. Pour la première fois, Gilliam avait réussi ce que personne n'avait réussi avant lui : réunir les noms de Depp et Paradis sur une même affiche !

Tout le monde se prépara avec enthousiasme à ce tournage, à commencer par les acteurs. Jean Rochefort relut pratiquement tout ce qui avait été publié sur Don Quichotte et son époque, Johnny Depp compléta sa connaissance de l'équitation et plaça Gilliam sous un feu roulant de questions. Et il travailla au look de son Toby.

« Pour mon personnage, bizarrement, j'ai imaginé une sorte de putois humain ; c'est pour ça que j'ai de longues mèches blanches dans les cheveux. Je me suis aussi inspiré d'un agent de voyages que je connaissais il y a quelques années, c'était un mec fascinant et étrange, tout sauf sympathique. Il était hypernormal, c'était un passionné de voitures qui ne buvait son Martini que préparé d'une façon particulière, qui ne sortait qu'avec des blondes… »

Le cinéaste dessina un story-board, s'occupa des costumes, visita les lieux de tournage, bref se consacra corps et âme à ce projet.

Dès le départ, le film prit du retard et commença à s'enfoncer dans une série de complications. Il réclamait une telle logistique, pour un budget qui n'avait rien à voir avec celui d'une superproduction américaine, que Gilliam devait tout contrôler et tout gérer. L'une des principales faiblesses vint des acteurs qui, soit se désistèrent compte tenu de la longueur annoncée du tournage, soit demandèrent que leur rôle fût réduit. Vanessa Paradis elle-même expliqua qu'elle était handicapée par un emploi du temps très chargé. Mais Rochefort et Depp restèrent fidèles au poste.

Huit semaines après avoir entamé sa pré-production, Terry Gilliam put donner son premier tour de manivelle, c'est-à-dire filmer ses premières images. Enfin d'essayer. Car, à peine eut-il posé ses caméras qu'il se rendit compte que le décor où il se trouvait jouxtait un terrain militaire de l'OTAN où s'entraînaient des avions F-16 ! D'où un bruit incroyable.

Là-dessus vint se greffer une météo des plus capricieuses. On attendait du soleil, on eut de la pluie. Et des orages. Dès le deuxième jour de tournage. Une pluie qui se fit torrentielle, avec de la grêle, créant des torrents de boue qui endommagèrent le matériel, seulement protégé par une bâche, et qui minèrent le moral des troupes.

Quand le calme, relatif, revint, il fallut dresser le bilan : matériel à remplacer, décor complètement détruit, paysage transformé et optimisme en berne. Rude coup.

Gilliam décida alors de continuer en studio où il pourrait filmer les scènes d'intérieur. Mais le studio ne fut pas tout à fait adapté et souffrait de problèmes de son qui donnaient une résonance digne d'une cathédrale. Et les ennuis ne cessèrent de s'accumuler jusqu'à la dernière tuile. Jean Rochefort, pourtant grand cavalier, souffrait atrocement du dos. Il dut être opéré d'une double hernie discale. Les médecins furent catégoriques : interdiction définitive de remonter à cheval. Il en gardera une profonde amertume.

« Je garderai de cette aventure deux photos où l'on me voit en Don Quichotte et, à les regarder, je crois que Cervantès aurait été content. Cela suffit à mon bonheur… »

Cet accident marqua le glas du tournage de *L'Homme qui tua Don Quichotte*. Plus question de continuer dans ces conditions.

Le film de Terry Gilliam, que Johnny Depp avait soutenu jusqu'au bout sans jamais se départir de son calme ni de son humour, ne vit jamais le jour. En contrepartie, il exista un passionnant documentaire, *Lost in la Mancha,* racontant les innombrables mésaventures de ce tournage maudit…

Plus tard, on parla de relancer le projet mais Johnny Depp fut catégorique : il n'y participerait pas si Jean Rochefort n'était pas à ses côtés. Or pour l'acteur français, il n'était pas question de renouer avec Don Quichotte qui lui rappelait trop de mauvais souvenirs et réveillait trop de douleurs.

CHAPITRE 19

LA PERLE NOIRE

Jusqu'à présent, le plus gros succès personnel de Johnny Depp était *Sleepy Hollow*, le seul des films auxquels il avait participé à avoir franchi la barre des cent millions de dollars de recettes aux États-Unis. Pouvait-il faire mieux, c'est-à-dire faire plus ? Beaucoup en doutaient, du fait qu'il semblait privilégier les films d'auteurs ou, à tout le moins, les films dits « difficiles », aux grands spectacles populaires. Mais Johnny était déjà un vieux renard du cinéma et puisqu'on mettait en doute ses capacités de jouer dans une superproduction aux recettes colossales, il s'amusa à prouver que, comme souvent à son sujet, on avait tort. Et même sacrément tort, moussaillons !

Difficile de savoir comment naissent les idées de films. À l'origine peuvent se trouver un roman, un fait divers, un remake, une pièce de théâtre, une chanson, et toute autre source. Rarement, pour ne pas dire jamais, il y eut une attraction située dans un parc du même nom. Certes *Rollercoaster* traitait des montagnes russes mais il s'agissait d'un film catastrophe centré sur un manège particulier, menaçant de s'effondrer. Or, en 2002, il fut question d'une attraction qui inspira un scénario n'évoquant à aucun moment ladite attraction ! Bizarre ? Pas tant que cela.

L'objet de convoitise se situe dans tous les Disneyland du monde et, à fortiori, à Disneyworld, où elle fait partie des plus prisées. Elle s'intitule *Pirates des Caraïbes* et permet au spectateur de plonger, c'est le cas de le dire, au cœur d'une île habitée par des pirates, qui repoussent des assauts, boivent, chantent, mettent des femmes aux enchères, se battent, bref mènent la vie de pirates telle qu'on a l'habitude de la voir dans l'imagerie populaire. Le visiteur a également droit à une visite de cavernes souterraines, en compagnie de squelettes, et à la traversée de la salle au trésor ! Le projet de transposer cet univers en un grand film d'aventures fut confié par les studios Walt Disney au producteur Jerry Bruckheimer. Assurément l'un des plus grands producteurs hollywoodiens auquel on doit une flopée de films à gros budgets et à gros succès, dont les deux *Flic de Beverly Hills, Top Gun*, les deux *Bad Boys, Rock, Les Ailes de l'enfer*, *Armageddon*,

La Chute du faucon noir, *Pearl Harbor* et quelques autres. Un producteur qui n'a pas la réputation de se tromper et peut mettre une grosse somme sur la table pour arriver à ses fins, c'est-à-dire un film forcément spectaculaire. Or, au cours de sa fastueuse carrière, il n'avait jamais abordé le film de pirates.

« Lorsque j'étais enfant, dit-il, les films de pirates me passionnaient, me faisaient rêver. Ils m'emmenaient loin, en un temps où tout était possible, où l'aventure était partout. J'avais envie de ressentir cela à nouveau, d'emmener les spectateurs dans une grande aventure où les rebondissements alterneraient avec l'émerveillement et même quelques frayeurs. »

Mais Bruckheimer savait le risque grand. En effet, les récents grands films de pirates, dont *L'Île aux pirates* de Renny Harlin et *Pirates* de Roman Polanski, n'avaient pas obtenu d'énormes succès au box-office et le premier, bien que ne manquant pas de rythme, avait même été un colossal échec, qui provoqua la ruine des studios Carolco. Mais le film de pirates avait connu son heure de gloire, tout particulièrement dans sa période dite « de l'âge d'or » allant de *Capitaine Blood* (1935), avec Errol Flynn, jusqu'aux *Contrebandiers du Moonfleet* (1955), avec Stewart Granger. Tyrone Power, Burt Lancaster et bien d'autres avaient illustré ce genre riche en péripéties.

Le public avait-il envie de renouer avec un genre qui semblait passer de mode ? Impossible d'en avoir le cœur net tant qu'un nouveau film n'apparaîtrait pas sur les écrans.

En confiant la mission à Bruckheimer, les pontes de chez Disney lui avaient confié un scénario écrit pas Jay Wompert (déjà auteur d'une nouvelle version du roman de Dumas sous le titre *La Vengeance de Monte-Cristo*). Il le lut et n'en fut que partiellement satisfait. Il demanda à un autre scénariste de corriger et le tir mais, encore une fois, Bruckheimer ne fut pas totalement content. Il se tourna alors vers Ted Elliott et Terry Rusio, connus pour avoir écrit le script de *Shrek*, une sacrée référence.. Il leur demanda de lui inventer une histoire conforme à la tradition du genre. Ils écrivirent une aventure tournant autour d'un singulier capitaine du nom de Jake Sparrow.

Puis, le producteur se tourna vers le réalisateur Gore Verbinski, qui avait notamment dirigé Brad Pitt et Julia Roberts dans *Le Mexicain*.

« Mon agent m'a appelé et m'a demandé si j'aimerais faire un film de pirates, raconta-t-il. Quelles sont les chances dans une vie de recevoir une telle proposition ? J'ai dit oui immédiatement ! »

Du coup, Verbinski s'enfonça dans l'univers des pirates pour mieux les connaître.

« La piraterie est un monde de liberté, de grands espaces et de mystère, constata-t-il. Les sentiments y sont exacerbés, rebelles. Les pirates sont apparus à une époque d'oppression où l'on pouvait être pendu pour le vol d'un simple morceau de pain. Dans ces conditions, qu'avaient-ils à perdre ? Pour moi, ce film parle de hors-la-loi qui ont un code d'honneur, d'hommes libres qui n'obéissent qu'à leur conscience et à aucun autre pouvoir. Aucun des personnages n'a voulu devenir pirate, la vie a fait d'eux ce qu'ils sont. Pour mener leur existence et obtenir ce qu'ils veulent, ils ont choisi un autre chemin. »

Les scénaristes prirent soin de ne pas respecter à la lettre une vérité historique et introduire humour et fantastique dans leur histoire haute en couleur. Ce qui ne les empêcha pas de consulter de nombreuses archives et de demander l'aide de l'historien Peter Twist, un expert en matière de pirates. Il rétablit quelques vérités et cassa quelques légendes, dont celle des trésors enfouis.

« De tels trésors n'ont sans doute jamais existé, affirma-t-il. L'Histoire nous enseigne que les pirates ordinaires, après avoir pris un butin, partageaient l'argent et se rendaient dans un port sans trop de risques où ils pouvaient boire et trouver des femmes. Il ne leur restait rien à enterrer ! »

Bruckheimer précisa :

« Ce film est une fiction et nous avons, bien sûr, pris quelques libertés. Nous n'avons pas non plus collé à une époque spécifique. Nous voulions surtout transmettre une idée, un sentiment général de l'époque. Notre période de référence se situe entre 1720 et 1750. »

Il budgéta le projet et aboutit à une superproduction qui lui coûterait 120 millions de dollars, presque un record !

Puis vint le moment de choisir les comédiens.

« Le secret pour captiver le public, expliqua le producteur, c'est de le surprendre. Il va trouver dans ce film des acteurs qu'il ne se serait jamais attendu à voir dans un film Disney ! »

La première de ces surprises fut, sans conteste, l'annonce de Johnny Depp dans le rôle principal. Lui qui avait refusé de jouer dans *Speed* (où il fut remplacé par Keanu Reeves) et dans *Légendes d'automne* (où il fut remplacé par Brad Pitt) parce qu'il jugeait les projets trop « hollywoodiens », lui le « rebelle » de Hollywood dans un film à gros budget soutenu par Disney ? Cela semblait incroyable. Mais c'était oublier que, à sa manière, il était un « pirate » au sein du cinéma américain, sautant d'un navire à un autre, ne suivant que ses propres envies, taillant en pièces les projets qui l'encombraient. Toutefois, Johnny avait conscience du pas qu'allait lui faire franchir cette collaboration. Il déclara d'ailleurs, mi-sérieux, mi-souriant :

« Pour moi c'était comme infiltrer le camp ennemi, pactiser avec l'ennemi, devenir son ami… »

Et puis Sparrow n'est pas non plus le héros pur et dur qu'ont l'habitude de présenter les grosses machineries hollywoodiennes.

« Ironiquement, souligna Gore Verbinski, Jack Sparrow n'est pas exactement le genre de modèle dont on rêve pour ses enfants ! C'est le genre de type que l'on voit très bien piquer l'argent d'une vieille dame ! C'est un voyou, un paresseux, un grand pirate, mais il ne se battra que s'il est obligé. Il essaie toujours de trouver un moyen moins fatigant. »

À cela s'ajoute l'envie que Johnny avait de faire un film que les enfants adoreraient voir, en tout premier lieu son fils Jack (d'où le prénom du capitaine Sparrow).

De toute façon, Jerry Bruckheimer tenait à la présence de Johnny et était prêt à tout mettre en œuvre pour le convaincre.

« J'ai toujours eu envie de faire tourner Johnny Depp, déclara-t-il. C'est un acteur brillant, un artiste connu pour prendre des risques et incarner des personnages atypiques. Il n'accepte que les rôles dans lesquels il s'accomplit sur le plan artistique. Je crois qu'il avait envie de faire quelque chose pour les enfants… »

Finalement, Depp fut beaucoup moins difficile à convaincre que l'on aurait pu s'y attendre.

« Qui refuserait de jouer un pirate ? demanda-t-il en souriant. Avec Jerry comme producteur et Gore Verbinski à la réalisation, le film aurait forcément de l'envergure. Quand j'ai lu le scénario, j'ai été heureusement surpris : cela allait plus loin encore que ce que j'avais imaginé ; il y avait, en plus, beaucoup d'humour et assez de place pour que les acteurs puissent construire leurs personnages. Moi qui suis plutôt un habitué des productions indépendantes, je dois dire que me retrouver sur une superproduction de ce calibre a été une expérience nouvelle. Je ne croyais pas que l'on pouvait faire des « blockbuster » avec un esprit d'artisan et une qualité relationnelle pareille. »

Et puis, comme bien des gamins, il avait rêvé des pirates.

« Ils me fascinaient à cause de la vie qu'ils menaient, dit-il, de cette forme de liberté qu'ils avaient acquise, c'étaient des renégats qui vivaient exactement comme ils l'entendaient, ils prenaient le large et ils faisaient tout ce qu'ils avaient envie de faire. C'est en tout cas l'image romantique qu'on en a quand on est enfant.

Ce n'est que plus tard, en lisant des ouvrages historiques sur le sujet, que l'on découvre qu'ils avaient, en fait, une vie effroyable, que c'était très dur pour eux. La plupart d'entre eux, s'ils avaient la chance de survivre aux blessures, aux batailles ou à la prison, finissaient leur vie comme clochards, dévorés par les maladies. »

Mais Johnny n'allait pas accepter de se retrouver pieds et poings liés à une superproduction. Il exigea d'avoir carte blanche pour élaborer son Jack Sparrow et commença par imaginer son look. D'où ce costume incroyable qui tient à la fois du Tzigane, de l'Indien, du rasta, du grunge et de l'aventurier. Depp eut l'idée de glisser des dents en or dans sa bouche et demanda à son dentiste de lui en installer un grand nombre, au-dessus de ses propres dents. Voyant cela, Bruckheimer lui demanda d'en enlever tout de même quelques-unes. Il n'en resta que quatre : une en or 14 carats, une en 18 carats, une en 22 carats et une en platine ! Ce fut la seule exigence du producteur.

« Johnny est connu pour créer ses propres personnages, dit-il, et nous lui avons fait entièrement confiance. Il avait une vision de Jack Sparrow unique. Il a imaginé ce pirate à la fois décalé et perspicace. Il a parfois du mal à garder son équilibre, il n'articule pas quand il parle, on a l'impression qu'il est saoul ou qu'il a le mal de mer… Mais tout est voulu pour construire une image qui emprunte au mythe pour mieux le revisiter. C'est tout le charme du capitaine Jack : surprendre avec ce que l'on croit savoir de lui… »

Jour après jour, Depp peaufina le look de Sparrow et, quand il en fut satisfait, le montra au réalisateur.

« Mon personnage est définitivement né durant les essayages de costume et les essais de maquillage et de coiffure, souligna l'acteur. La première fois que j'ai porté le costume et le maquillage au grand complet, j'ai vu dans le miroir le vrai capitaine Jack Sparrow… et il m'a plu ! Gore est venu me voir et il a dit : «C'est exactement Sparrow. » Il a tout de suite vu où j'emmenais ce personnage, dans ses nuances et son humour. »

Pour compléter cet étonnant tableau, Johnny porta des lentilles spéciales qui remplaçaient les lunettes de soleil ! Il est vrai que son pirate sortait résolument de l'ordinaire. On n'en avait jamais vu de tels au cinéma, et probablement pas non plus dans la réalité. Après tout, rappela Johnny, l'idée était née d'une attraction, alors autant miser sur le côté fun !

Johnny aborda ce rôle avec le professionnalisme qu'on lui connaissait. Il ne chercha pas à camper unc caricature et encore moins une enveloppe vide ; il voulut apporter de la crédibilité à Sparrow, même dans le cadre d'une production de cette ampleur.

« Jack sait toujours comment s'en tirer et où est son avantage, analysa-t-il. Peu importe si la situation lui échappe, il garde son éternel optimisme. Je trouve aussi qu'il y a quelque chose de magnifique et de poignant dans le but qu'il poursuit. Tout ce qu'il veut, c'est récupérer son bateau, le *Black Pearl*, qui symbolise à ses yeux sa liberté. Et pour cela il est prêt à tout. »

Les sources d'inspiration pour composer ce pirate furent multiples, cela alla de Keith Richards, le légendaire guitariste des Rolling Stones, en passant par le personnage de dessin animé Pépé le putois sans oublier la mode rasta et différents pirates vus au cinéma.

« Après tout, dit Johnny, les pirates étaient un peu les rock stars de leur époque ! Jack porte des colifichets dans sa chevelure. J'ai beaucoup aimé cette idée que chacun de ces petits objets représente pour lui un souvenir vivant et essentiel. »

De plus, il dut apprendre le maniement de l'épée, ce qui ne lui était pas encore arrivé dans un film antérieur et il eut pour professeur un véritable maître de l'escrime en la personne de George Marshall Ruge, qui entraîna Errol Flynn pour *Le Vagabond des mers.*

Le méchant du film fut joué par Geoffrey Rush et le reste de la distribution fut notamment occupé par le fringant Orlando Bloom tout droit sorti du *Seigneur des Anneaux* et la délicate Keira Knightley vue dans *La Menace fantôme*.

Le tournage de *Pirates des Caraïbes* (*Pirates of the Carribean*) débuta le 9 octobre 2002. Il eut d'abord pour cadre des studios, où furent construits de magnifiques décors. Des décors qui avaient connu de sacrés déboires puisque, au moment de leur construction, en août, un gigantesque incendie détruisit tout un plateau et une grande partie de ces décors. Aucune victime, heureusement, mais une facture de 350 000 dollars.

Puis vint le moment d'aller filmer en extérieurs. La production s'installa à Saint-Vincent et alla filmer les plages de sable fin de Petite Tabac et des Grenadines. Pendant deux semaines, l'équipe alla tourner en haute mer, à plusieurs dizaines de kilomètres des côtes. Avec, parfois, des vagues de plus de deux mètres, la plupart des acteurs et des techniciens durent combattre le mal de mer à coups de pilules. La première fois que Keira Knightley avala une de ces pilules… elle s'endormit instantanément !

« Tout ce qu'on dit sur un tournage en mer est vrai, affirma Gore Verbinski. Tout ce qui peut potentiellement tourner mal… tourne effectivement mal ! Dès que vous avez un bateau dans la bonne position, le vent tourne. Quand vous ancrez quelque chose, tout bouge, les différents éléments se déplacent les uns par rapport aux autres. Vous placez la caméra, vous cadrez un plan de l'acteur, le soleil est dans la mauvaise direction, et si vous voulez une belle lumière par l'arrière, alors les voiles pendent ! »

Les bateaux, justement, furent recrutés en différents endroits. Par exemple l'*Interceptor* que l'on voit dans le film, un clipper à deux mâts aux lignes pures, est en réalité le *Lady Washington* et appartient à la Grace Harbor Historical Seaport Authority. Il s'agit d'une reproduction à l'identique du premier bateau américain à avoir accosté sur la côte Nord-Ouest du Pacifique en 1789. Souvent, Verbinski, se tenait dans un autre bateau, le *Dauntless*, pour filmer les scènes de l'*Interceptor*. Ce qui donna lieu à une belle frayeur pour Johnny Depp.

« Les caméras tournaient, raconta-t-il, l'équipage manœuvrait et ce dont je me souviens ensuite, c'est que le capitaine a disparu et que je me suis retrouvé seul à la barre. C'était vraiment l'épreuve du feu, je n'avais jamais fait ça ! À la seconde prise, j'ai cru que j'allais heurter la barge du *Dauntless* et Gore m'a crié : « Johnny, rapproche-toi, encore, encore ! » Je me suis dit : «Oh là, je barre cet énorme bateau pour la première fois et je vais beaucoup trop vite... et il faut que je me rapproche ? » Mais, en fin de compte, nous avons tous survécu. »

Pour une autre séquence, Johnny et Keira Knightley vécurent une autre étrange expérience : trois jours durant, ils se retrouvèrent debout à l'extrémité d'une planche de 30 cm sur 1,50 m au-dessus des vagues de l'océan.

« J'ai l'impression d'avoir passé une éternité sur cette planche, rapporta la comédienne. J'étais absolument pétrifiée. Il n'y avait que l'air et l'eau autour de nous, et la planche ne cessait de ployer au moindre de nos mouvements. »

Plus tard, pour les besoins du film, Depp se retrouva dans l'eau tout habillé.

« Nager entièrement vêtu comme un pirate, avec des bottes, s'est révélé plus difficile que je le pensais, dit-il. Les cascades sur ce film ont été bien plus intenses que sur mes précédents – et pourtant, j'avais déjà été traîné sur le sol par des chevaux ! »

Johnny tomba-t-il amoureux des îles lointaines et ensoleillées ? Ou voulut-il, d'une certaine façon, imiter son mentor Marlon Brando ? Toujours est-il qu'en juillet 2004, il se porta acquéreur d'un petit coin de paradis – comportant six plages et deux maisons – que, en bonne logique, il proposa à Vanessa !...

Le tournage arriva enfin à son terme. Gore Verbinski rendit sa liberté aux acteurs et intégra les nombreux effets spéciaux placés pour renforcer l'aspect fantastique.

La première de *Pirates des Caraïbes* eut lieu le samedi 28 juin et eut pour cadre le lieu même de l'action, si l'on peut dire : Disneyland de Californie, là où était née la première attraction des pirates. Une première incroyable, inoubliable puisque toute une partie du parc avait été redécorée aux couleurs des pirates ; les employés eux-mêmes étaient déguisés en pirates. Les rares privilégiés à être invités à cette manifestation ont été transportés dans le temps…

Cet été-là, la dernière superproduction des studios Disney devait affronter une sévère concurrence orchestrée par les firmes concurrentes : Universal avançait son pion vert baptisé *Hulk*, Warner ressortait un cyborg qui avait déjà fait des éclats, d'où *Terminator 3* et la Fox misait sur une bande de héros réunis pour former *La Ligue des gentlemen extraordinaires*.

Puis le film embarqua pour son grand tour du monde des salles de cinéma. Le moins que l'on puisse dire est qu'il monta à l'abordage du box-office, coupant la route aux concurrents et gagnant plus d'une bataille.

Dans le même temps, la critique, dans l'ensemble, sut ne pas faire la fine bouche et retrouver son âme d'enfant. Y compris en France où la composition de Johnny Depp fut remarquée : « Johnny Depp irradie de talent » *(Le Monde)*, « Johnny Depp plutôt marrant en pirate zombie » *(Télérama)*, « Délicieux et surprenant, Johnny Depp s'est amusé à composer un flibustier efféminé et raffiné à la barbiche frisottée, allumé de quelques reparties lapidaires » *(Le Figaro)*, « Virevoltant, loufoque, un peu folle sur les bords, surlooké, c'est peu de dire qu'en capitaine Jack Sparrow lancé à la poursuite de son bateau, il relègue ses partenaires au rang de faire-valoir. » *(Libération)*, « Johnny Depp à l'abordage est étonnant dans la peau du flibustier Jack Sparrow, avec son look à la John Galliano et un sens de l'humour très british. » *(Le Parisien)*, « Johnny Depp sauve le film de l'ennui total en cabotinant outrageusement. » *(Les Inrockuptibles)*, etc.

Partout où ils passèrent, ces pirates revus et corrigés à la mode hollywoodienne raflèrent la mise et mirent dans leurs caisses 640 millions de dollars ! Ce fut le quatrième succès de l'année 2003 au box-office mondial, derrière l'indétronable *Le Seigneur des Anneaux : le Retour du roi, Le Monde de Némo* et *Matrix Reloaded*. Les pirates avaient battu tous leurs concurrents directs de l'été 2003. Ils formaient l'outsider qui gagnait la course.

Johnny Depp était plus star que jamais.

Conséquence logique : les studios Walt Disney mirent en chantier une suite et pensèrent déjà à un *Pirates des Caraïbes 3* !

CHAPITRE 20

DANGEREUSES RENCONTRES

En 2003, sortit sur les écrans un film tourné deux ans plus tôt et resté mystérieusement dans les cartons : *Desperado 2 (Once Upon A Time In Mexico)*. Il s'agissait, en fait, du dernier épisode d'une trilogie due à Robert Rodriguez qui avait débuté avec *El Mariachi* et s'était poursuivie avec *Desperado*. Une trilogie construite en hommage à Sergio Leone (d'où le titre original du dernier opus) avec comme personnage central un héros sans nom, comme Clint Eastwood dans la série des *Dollars*. Ce héros est un tueur qui a pour habitude de promener son arme dans un étui à guitare.

Pour cette nouvelle aventure, Rodriguez reprit donc son personnage de *Desperado* et lui adjoignit une foule de nouveaux venus dont Sands, un agent de la CIA corrompu. Mais l'histoire était un prétexte pour présenter des personnages caricaturaux, des situations explosives et des fusillades à n'en plus finir.

Tandis que Antonio Banderas et Salma Hayek reprirent fort logiquement leurs rôles, les autres personnages furent notamment interprétés par Willem Dafoe, Mickey Rourke, Eva Mendes, Enrique Iglesias. Mais Rodriguez butait sur le nom de l'acteur qui donnerait vie à Sands. Il commença par s'adresser à George Clooney qu'il connaissait bien pour l'avoir déjà dirigé. Il n'était pas libre. Le réalisateur songea à Kurt Russell, Bruce Willis, Sean Penn et Nicolas Cage avant de s'adresser à Johnny Depp… qui s'enthousiasma à l'idée de se transformer en méchant sanguinaire.

« Jouer un type qui repose sur des clichés que l'on fait voler en éclats est une chance, remarqua-t-il. On l'imagine d'une façon, on le découvre d'une autre. Je n'ai jamais vu autant de zones d'ombre dans un personnage. À force de ne pas correspondre à l'idée qu'on pourrait s'en faire, Sands devient déstabilisant ; de lui on s'attend à n'importe quoi. Ce genre de personnage imprévisible et retors est fabuleux à jouer. Je n'avais jamais interprété un type qui a si peu de considération pour la vie. Rien ne le rachète. »

Mais Sands n'est qu'un personnage secondaire dans l'intrigue et Rodriguez expliqua à Depp qu'il n'aurait besoin que de neuf jours de tournage pour mettre en boîte toutes ses scènes. Johnny arriva sur le plateau avec un look tout à fait particulier et s'amusa comme un gosse à jouer cet agent de la CIA peu recommandable. D'autant que Rodriguez le laissait agir presque à sa guise, ce qui lui permit d'improviser à plus d'un moment.

« Johnny joue ce méchant comme un funambule, constata le réalisateur. Il est toujours sur le fil du rasoir. Il arrive à le sortir de tous les clichés pour en faire non pas un méchant de plus au cinéma mais une personnalité sombre, cynique, marquante... »

Depp s'amusa tellement sur le tournage de *Desperado 2* qu'au terme des neuf jours de présence, il demanda à Robert Rodriguez de lui donner encore quelque chose à faire. Le cinéaste lui rétorqua que tout ce qui concernait Sands était désormais en boîte et qu'il ne voyait pas comment rajouter des scènes dans déséquilibrer le film. D'autant qu'il s'était fixé un temps de tournage assez serré. Mais il finit par avoir une idée et proposa à Johnny le court rôle du prêtre auquel le Desperado parle dans l'église. L'acteur annonça qu'il le jouerait « à la Marlon Brando », ce qu'il fit.

Toujours enthousiaste, il demanda à composer une musique correspondant à son personnage de Sands. Musique qui finit par se retrouver sur l'album du film !

Pour Johnny Depp, ce *Desperado 2* fut de la pure distraction, le genre de film que l'on imagine quand on est gosse dans une cour de récréation.

Néanmoins, il se déclara pour le moins choqué quand il apprit que ce qui, selon lui, ne devait être qu'une petite participation s'était transformé, sur l'écran, en un vrai rôle. Et encore plus choqué de découvrir qu'une large part de la promotion du film reposait sur son nom, les distributeurs allant jusqu'à mettre une photo de lui en grand sur l'affiche. Ce n'était pas tout à fait ce qui était prévu au départ. Une place démesurée pour un rôle qui ne l'avait tenu occupé que neuf jours...

* * *

Fenêtre secrète (Secret Window).

L'idée première appartient à Stephen King, l'un des auteurs modernes les plus adaptés au cinéma. Dans un roman, il développa le concept d'un écrivain récemment divorcé poursuivi par un dangereux psychopathe qui l'accuse d'avoir pillé ses écrits.

David Koepp, connu pour avoir écrit les scénarios de *Jurassic Park, Mission impossible, Panic Room, Spiderman* décida d'écrire l'adaptation et de réaliser le futur film.

« J'adore les films où on voit un type devenir dingue, déclara-t-il. J'aime écrire des histoires qui parlent d'enfermement, de piège. *Fenêtre secrète* est celle d'un homme qui traverse une très mauvaise période et qui se referme sur lui-même, jusqu'à ce qu'un étranger arrive et l'envahisse. Il va se trouver fragilisé par la vie et menacé jusque dans son intimité. J'avais envie d'explorer les thèmes du confinement et de la paranoïa. Ce qui lui arrive est très déstabilisant. »

Dès le départ, Koepp pensa à Johnny Depp pour le rôle de l'écrivain traqué, Mort Rainey. Il lui envoya le scénario avec un petit mot explicatif lui disant à quel point il appréciait sa carrière et affirmant qu'il le considérait comme l'un des acteurs les plus inventifs de sa génération. Johnny reçut le tout avant de partir pour les Caraïbes y jouer un pirate. Il lut cette sombre histoire au soleil et dit oui.

Ce qui le séduisit fut, d'une part, de jouer dans un pur film fantastique jouant sur la peur et, d'autre part, d'aborder un rôle d'auteur. Lui qui avait déjà montré sa passion pour les livres à travers *La Neuvième Porte*, put aller encore plus loin dans la connaissance d'un métier qui le fascine. Et il avait en face de lui un modèle en la personne de David Koepp.

« Pouvoir disposer du ressenti d'un véritable écrivain, qui était également le réalisateur, a été pour moi d'une valeur inestimable, dit-il. David m'a énormément inspiré. Nous avons beaucoup de choses en commun, y compris notre date d'anniversaire… Je me souviens parfaitement du moment où j'ai lu le scénario. C'était remarquablement écrit et les dialogues sonnaient vrai, vécu. Au fil de ma lecture, je me suis retrouvé totalement investi émotionnellement. Ensuite, j'ai découvert le secret de l'intrigue, et je suis resté sous le choc ! Je n'ai rien vu venir !… Je me sens une affinité avec les écrivains. Je suis devenu ami avec le légendaire journaliste et auteur Hunter S. Thompson en me préparant à l'incarner dans *Las Vegas Parano*. Et je vais jouer J. M. Barrie, l'auteur de *Peter Pan*, dans *Neverland*. Je crois que pour quiconque exerce un métier touchant aux arts, particulièrement pour un écrivain, l'imagination est la plus précieuse des amies. Elle peut aussi devenir votre pire ennemie si vous vous perdez dans vos pensées, si vous vous noyez dans toutes les émotions et les idées qui vous habitent. C'est le problème de Mort. Il est définitivement un reclus. Il ne se sent pas à l'aise au contact des autres et veut qu'on le laisse tranquille. Malheureusement, il est lui-même incapable de se laisser en paix… »

Johnny eut pour partenaires Maria Bello, Timothy Hutton, Charles Dutton et John Turturro qui joua l'homme qui réclame son dû et provoque des affrontements terribles avec l'écrivain.

«La nature de ces scènes nécessitait une relation particulière entre mon partenaire et moi, souligna Turturro. Je suis heureux d'avoir vécu cela avec Johnny. C'est quelqu'un de très généreux, avec qui il est facile de travailler. Il a une véritable aisance dans le jeu. David nous a laissé une grande liberté, et Johnny utilise tout ce que vous lui donnez, et vous le renvoie pour que vous vous en serviez à votre tour. Il est très intuitif, inventif.»

* * *

Quelque temps plus tard, Johnny renoua avec ses apparitions-surprises, comme cela avait été le cas pour *Avant la nuit*. Cette fois, ce fut pour un film cent pour cent français, le premier de sa pourtant riche filmographie. Il s'intitulait *Ils se marièrent et eurent beaucoup d'enfants* et était réalisé par Yvan Attal. Johnny y apparut dans deux scènes en forme de clin d'œil.

Et lorsqu'on demanda à Attal ce que fut pour lui la présence de Depp, il se contenta de répondre laconiquement : « Un rêve ! » Tout était dit.

CHAPITRE 21

ÂMES D'ENFANTS

Il était une fois un petit homme (1m 50) à la grande imagination. Au début du XXe siècle, aux Kensington Gardens de Londres, où il avait pris l'habitude de promener son chien, il fit la connaissance des enfants Llewellyn Davies et de leur nounou. Pour distraire ces bambins dont il s'était pris de sympathie, il leur raconta des histoires, inventa des personnages, imagina des univers. Cela eut tellement de succès que le petit homme eut l'idée de coucher ses contes sur le papier. Les livres eurent à leur tour un beau succès. De là naquit l'envie d'écrire une pièce. Elle fut jouée à Londres et son héros n'allait pas tarder à connaître une renommée mondiale. Il se nommait Peter Pan et son créateur était James Matthew Barrie.

Peter Pan fut créé à Londres en décembre 1904 avec Nina Boucicault dans le rôle de Peter, et Gerald Du Maurier (oncle des enfants Llewelyn Davies) dans celui du capitaine Crochet. Le succès fut considérable, et se prolongea aux États-Unis, où la première qui eut lieu à New York, avec Maude Adams dans le rôle de Peter Pan, fut un triomphe plus grand encore. Peter Pan s'envola vers les cieux de l'immortalité.

Ce que le grand public connaît moins, ce sont les relations que Barrie entretint avec Sylvia Llewelyn Davies, mère des enfants qui se trouvaient à l'origine de cette aventure.

De ces relations naquirent une pièce de théâtre d'Allan Knee, *The Man Who Was Peter Pan*, qui fut jouée dans un petit théâtre londonien et qui attira l'attention de la productrice Nellie Bellflower

« La pièce est l'histoire, prodigieusement émouvante, d'un homme qui va devenir une figure paternelle pour cinq jeunes garçons et les aider à surmonter une terrible tragédie, dit-elle. J'aime depuis toujours Peter Pan, et cette pièce était un formidable tremplin pour en explorer très librement la genèse et les thèmes universels. »

Pièce qui, par la suite, devint un film de Marc Foster, intitulé *Neverland* (*Finding Neverland*), nom anglais du Pays Imaginaire.

« Dans ce film, rapporta Foster, on voit se développer la créativité d'un homme qui ouvre les portes d'un autre monde à toute une famille. C'est une illustration de ce besoin de rêves, d'illusions et de croyances qui nous soutient tous, y compris dans les circonstances les plus tragiques. L'imagination a le pouvoir de nous transformer, elle nous permet de nous surpasser. »

Au dire même de Foster et de ses producteurs, *Neverland* fut conçu comme un mélange d'invention et d'imagination intégré dans une histoire intime et émouvante. Le scénariste David Maggee transforma la pièce en une histoire cinématographique sans jamais chercher à coller complètement à la réalité historique.

« Ce scénario n'est pas directement inspiré des événements qui entourèrent l'écriture de *Peter Pan*. C'est l'histoire d'un homme qui devient adulte et se découvre des responsabilités à l'égard des autres. J'espère que le film sera perçu comme un hommage au génie de J. M. Barrie et que les spectateurs en retireront l'impression qu'être mûr n'oblige pas à renier sa part d'enfance, ni à sacrifier sa faculté d'émerveillement. »

Dès le mois de mars 2002, Johnny Depp, approché par la firme Miramax avec laquelle il avait fait trois films, donna son accord pour jouer James Barrie. Autour de lui se tissa le reste du casting : Kate Winslet, que *Titanic* avait rendue célèbre, et Dustin Hoffman, dans le rôle du producteur de Barrie, lui qui avait joué le Capitaine Crochet dans un film de Spielberg.

Alors que Johnny Depp avait pris pour habitude de se transformer physiquement pour la plupart de ses rôles précédents, se cachant parfois sous d'épais maquillages ou sur une perruque, il opta, cette fois, pour une apparence « claire », avec un rasage parfait, pour tenter de donner à Barrie l'apparence de l'enfant qu'il était resté au fond de lui.

Le film fut tourné à Londres durant l'été 2002 et Johnny eut quelques difficultés à restituer l'accent écossais qui caractérisait Barrie.

À l'occasion de ce tournage, Johnny loua une maison du côté de King's Road, où il s'installa avec Vanessa Paradis et leurs deux enfants.

Sur le plan professionnel, sa rencontre avec Dustin Hoffman ne fut sans doute pas aussi idyllique qu'il l'aurait espéré. En effet, dès le début des prises de vues, Dustin se blessa au doigt, dut faire un séjour à l'hôpital et ne put continuer à travailler que grâce à de régulières piqûres de morphine ! Néanmoins, Johnny fut enchanté de donner la réplique à ce « monstre sacré ». Un de plus à mettre à son actif.

Au final, *Neverland* résulta de deux mondes radicalement distincts : le Londres bourgeois et corseté du début du XXe siècle et le royaume imaginaire de Barrie, peuplé de chimères, de fées, de pirates, d'animaux exotiques et de créatures oniriques.

Le film devait sortir durant l'année 2003, mais un conflit opposa Miramax à Columbia Pictures. Cette dernière détenait les droits de la pièce *Peter Pan* et venait de produire un nouveau film sur le sujet. Elle interdit à Miramax d'utiliser la moindre réplique de *Peter Pan*, ce qui contraria beaucoup Marc Foster. Finalement un accord fut trouvé : Miramax pourrait se servir des répliques de son choix à condition de retarder la sortie de *Neverland* d'un an. Ce qui fut fait.

Le recul ne diminua en rien ses qualités. *Neverland* enthousiasma la critique internationale, jusqu'au *New York Post* qui parla de « pure magie » ! Et il récolta sept nominations aux Oscars : meilleur décor, meilleurs costumes, meilleur montage, meilleure musique, meilleur scénario, meilleur film et… meilleur acteur pour Johnny Depp ! Sa deuxième nomination à l'Oscar, juste après *Pirates des Caraïbes*. Par là même, il confirmait qu'il était l'un des acteurs les plus en vue et les plus appréciés du moment.

* * *

Restant dans les personnages historiques, et même dans les auteurs, Johnny Depp joua en 2004 dans *The Libertine* où il incarna le poète débauché John Wilmot. En fait, avant cela, il aurait dû personnifier le dramaturge anglais Christopher Marlowe dans un film de John Maybury où Jude Law aurait incarné Shakespeare. Mais ce projet fut abandonné.

Depuis longtemps, Johnny était attaché aux personnages d'écrivains de toutes sortes. Au cours de l'an 2000, par exemple, il avait été beaucoup question de lui pour incarner le poète écossais Robert Burns, un rôle très convoité par Ewan McGregor. La décision d'associer le nom d'un acteur américain à celui d'un poète écossais avait d'ailleurs fait enrager de nombreux Écossais attachés à leur culture. Mais le producteur du film leur avait rétorqué qu'il fallait un acteur de la dimension de Johnny pour conférer au projet une audience internationale. Beaucoup de bruit pour rien, finalement, puisque ledit projet resta dans les cartons.

Quelques mois plus tard, Johnny Depp avait été approché pour interpréter un autre poète, Lord Byron, dans un film où Angelina Jolie incarnerait la sœur de l'auteur. Mais cela n'alla pas plus loin…

Pour participer à *The Libertine*, Depp réduisit considérablement son cachet. En effet, la production coûta au total seize millions de dollars, soit moins que ce que Johnny demande pour lui seul depuis *Pirates des Caraïbes* !

The Libertine, réalisé par Laurence Dunmore – un spécialiste des clips publicitaires dont c'était le premier long métrage – se déroule dans l'Angleterre du XVIIe siècle et montre ce Wilmot, comte de Rochester, connu à la fois pour la qualité de ses écrits et pour sa vie de débauche. Wilmot mourut d'ailleurs à trente-trois ans de l'alcool et d'une syphilis galopante.

Pour entrer dans la peau de ce personnage, Depp revint à un look très personnel et, dans une certaine mesure, très romantique, n'hésitant pas à porter à nouveau une perruque. Il était évident qu'il aimait de plus en plus changer d'apparence à chaque film.

Johnny y eut pour partenaire John Malkovich, qui participa au financement du film. Ce qui lui donna quelques soucis. En effet, une soudaine modification des lois anglaises lui fit subir un nombre considérable de taxes qui réduisirent son budget comme une peau de chagrin. La production décida, presque en dernière minute, de ne plus tourner à Londres comme prévu et opta pour un accord avec l'île de Man, entre l'Angleterre et l'Irlande, ce qui ne simplifia pas les choses.

L'équipe ne fut pas au bout de ses surprises. Un jour, en plein tournage, deux jeunes femmes arrivèrent sur le plateau pour réclamer Johnny Depp. On leur expliqua qu'il était absent. Cela ne les découragea pas : elles étaient prêtes à l'attendre. Il fallut les jeter littéralement dehors.

«Nous avons eu beau leur expliquer que Johnny n'était pas là, elles ne voulaient rien entendre, raconta un membre de l'équipe du film. On a eu toutes les peines du monde à les chasser. Mais on ne peut accepter qu'un acteur de la trempe de Johnny se fasse harceler de la sorte par des folles qui courent tout autour du plateau ! »

On se serait cru au temps de *21 Jump Street* !

Malgré tout, le film put être terminé dans les temps.

Heureusement, car Johnny Depp n'avait pas une seconde à perdre : il était attendu sur le plateau de *Charlie et la chocolaterie* (*Charlie and The Chocolate Factory*).

* * *

Charlie et la chocolaterie.

Ce titre, c'est celui d'un livre de Roald Dahl, remarquable auteur trop méconnu dans les pays francophones. Un livre destiné aux enfants, mais un livre empreint de poésie et de magie.

C'est l'histoire du jeune Charlie, neuf ans, qui vit dans une petite maison de bois avec ses parents et ses quatre grands-parents. Les jours ne sont pas roses pour cette famille, car elle est très pauvre et ne mange pas toujours à sa faim. Or, Charlie est un gourmand qui adore le chocolat. Ne pouvant en déguster que le jour de son anniversaire, il attend cette date avec impatience. Seulement, pour se rendre à l'école, il passe devant une chocolaterie, considérée comme « la meilleure du monde », qui lui met l'eau à la bouche. Et voici qu'un beau jour, le propriétaire de l'endroit, l'inquiétant Willy Wonka, lance un grand jeu en cachant cinq tickets d'or dans cinq barres de chocolat. Les gagnants seront invités à passer une journée entière dans la chocolaterie, à manger autant de chocolat qu'ils le souhaitent et se verront remettre des friandises pour le reste de leur vie. Charlie trouve un ticket d'or. Il peut enfin pénétrer dans la chocolaterie. Et il y en a des choses : une fontaine de chocolat, des bonbons inusables... Mais tout ne se déroule pas comme prévu...

Cette magnifique histoire attira l'intérêt de la Warner au moment même où elle préparait les aventures cinématographiques d'un certain *Harry Potter*. La firme était alors convaincue, à juste titre, qu'il fallait produire des films non pas pour les enfants, mais pour tous ceux qui ont gardé leur âme d'enfant, adultes y compris. Et elle se mit en chasse à la fois d'un acteur pour incarner le directeur de la chocolaterie et d'un réalisateur pour mettre en scène ce conte aux allures fantastiques. D'un côté furent avancés les noms de Steve Martin, Robin Williams, Christopher Walken, Nicolas Cage et Michael Keaton. De l'autre, Rob Mintoff, à qui l'on devait *Stuart Little*, fut contacté – après que l'on eut songé à Martin Scorcese. Mais les choses traînèrent en longueur et le cinéaste fut pris par d'autres projets. Tim Burton entra alors en lice. Il avait déjà travaillé avec la Warner, pour *La Planète des singes (Planet of the Apes)*, et s'annonçait tout à fait intéressé à l'idée de se plonger dans l'univers de Roald Dahl. Seulement, pas question pour lui de travailler avec l'un des acteurs évoqués – excepté Michael Keaton qui était un ami personnel. Le patron de la chocolaterie, il le connaissait depuis longtemps : il avait déjà travaillé avec lui à trois reprises et se nommait Johnny Depp !

Burton confirma sa prise en main de *Charlie et la chocolatière* en mai 2003 et Johnny signa son contrat trois mois plus tard. Mais l'acteur alla plus loin : il amena avec lui, en quelque sorte, Freddie Highmore, son jeune partenaire de *Neverland* qui l'avait tant impressionné.

Pour ces deux amis, la première tâche fut de faire oublier le film que Mel Stuart avait tiré du livre de Dahl avec Gene Wilder dans le rôle de Willy Wonka. Un film musical, déjà produit par Warner, qui ne remua pas les foules en France mais connut un impact considérable aux États-Unis, même si l'auteur lui-même s'était affirmé déçu. Pour sa part, John August, scénariste choisi par Burton, ne risquait pas d'être influencé par cette version car il ne l'avait jamais vue. Johnny, lui, l'avait vue. Il se souvenait particulièrement de Gene Wilder et déclara au *Los Angeles Times* :

« C'était à la fois brillant et subtil. La seule manière de m'en éloigner était de revenir au livre et de deviner ce que Roald Dahl avait vraiment en tête quand il l'écrivit. Cela m'a forcé à emprunter pas mal de détours, et à force de prendre des détours je me suis retrouvé très loin de l'interprétation qu'en avait donnée Gene Wilder. »

Le tournage débuta le 21 juin 2004 à Londres, dont Depp commençait à devenir un habitué. Le budget avoisina les 150 millions de dollars, c'est dire si rien ne fut refusé à Burton pour récréer l'univers et les lieux incroyables de Dahl.

Johnny et Tim retrouvèrent la même complicité qu'à l'époque d'*Edward aux mains d'argent*, une quinzaine d'années plus tôt.

« C'est agréable de travailler avec Tim, déclara l'acteur à la BBC. C'est un peu comme revenir à la maison. Je pense que Tim est en train de faire un film vraiment spectaculaire. Il a réussi à combiner sa propre vision avec celle de Roald Dahl et je trouve cela très excitant. »

Le tournage connut quelques incidents dont le plus spectaculaire, et le plus amusant, fut la chute d'une caméra dans un bac de chocolat. L'appareil en ressortit hors d'usage. Il coûtait la bagatelle de 540 000 dollars.

À noter que tout le chocolat du film fut fabriqué par une célèbre marque suisse…

La sortie mondiale de *Charlie et la chocolaterie* fut fixée au mois de juillet 2005. Ce fut incontestablement l'un des films les plus attendus du moment.

CHAPITRE 22

ET VOGUE LE NAVIRE

Johnny Depp ne manquait pas de projets. On le réclamait partout, dans toutes sortes de films et pour toutes sortes de rôles. Il était devenu, pour ainsi dire, « l'acteur à tout faire » du cinéma américain. Non qu'il fût un caméléon que l'on pouvait placer indifféremment dans telle ou telle situation, mais son talent était si grand, couvrait une si large palette, que les professionnels du cinéma l'imaginaient dans des personnages très différents. Il pouvait tout jouer. Il pouvait, surtout, tout comprendre et déceler les subtilités de chacun des rôles qu'on lui proposait. Rares sont les acteurs à pouvoir bénéficier ainsi d'un si large choix. Alors que d'autres étaient cantonnés dans les films d'action, les comédies romantiques ou les films d'auteur, lui pouvait passer avec la même facilité et la même conviction d'un genre à un autre et même à bien d'autres. Dans le monceau de scénarios qui se bousculaient à sa porte, il n'avait qu'à faire son choix. Tranquillement. Intelligemment, comme il l'avait toujours fait.

Il commença par tourner une suite. Pour la première fois depuis sa sortie des plateaux de télévision, il reprit un rôle qu'il avait déjà interprété. Mais pas n'importe quelle suite : une suite pour s'amuser dans une production de grande envergure, *Pirates des Caraïbes 2*.

Profitant de ses bonnes relations avec le producteur Jerry Bruckheimer, et de son statut de star, Johnny émit quelques suggestions pour cet opus 2. Il souhaita que Keith Richards, dont il s'était inspiré pour incarner le capitaine Jack Sparrow, joue son père dans le film.

De son côté, Bruckheimer eut l'idée de filmer non pas une suite mais deux. Il décida de tourner le 2 et le 3 en même temps, comme cela avait été fait, par exemple, pour *Matrix* et *Le Seigneur des Anneaux*. Ces deux suites devant sortir à un an d'intervalle : la première à l'été 2006 et l'autre à l'été 2007.

Mais le plus important, dans un premier temps, était de réunir l'équipe du premier film. Dès le départ, il était convaincu de l'accord de Johnny, dont la seule présence suffit à ramener Keira Knightley et Orlando Bloom (qui obtinrent chacun treize millions de dollars). Bien sûr, il y eut quelques nouveaux et en premier lieu l'acteur Cho Yun Fat, puisqu'une partie de l'action se déplaça jusqu'en mer d'Asie. Cheung Po Tsai, un célèbre pirate chinois qui officia au début du XIXe siècle, entrait dans l'aventure. L'intrigue du 2 évoquait également le célèbre vaisseau fantôme *Hollandais Volant* dont la légende veut qu'il surgisse et disparaisse mystérieusement.

Dans une conférence de presse donnée en février 2005, Dick Cock, président de Walt Disney, dévoila l'intrigue de ce deuxième épisode :

« Johnny Depp revient dans la peau du Capitaine Jack Sparrow et il sera très vite entraîné dans une aventure aux accents surnaturels. Le Capitaine Jack Sparrow a maintenant une dette d'honneur envers le légendaire Davey Jones, roi des profondeurs océaniques et capitaine du vaisseau fantôme *Hollandais Volant*. Si Sparrow ne réussit pas à s'acquitter de cette dette, il sera condamné à la servitude et la damnation éternelles. De plus, les problèmes de Jack compliquent le mariage de Will Turner et Elizabeth Swann. »

Le reste de la distribution bénéficia de la présence de Alex Norton, Naomie Harris, Stellan Skargard. Et, bien entendu, Gore Verbinski se retrouva aux commandes.

Le tournage de ces deux films en un nécessita une très longue et très complexe préparation. La date du premier tour de manivelle, d'abord prévue en janvier 2005, fut reportée au mois de mars.

Le titre original et officiel du numéro 2 fut *Pirates of the Caribbean : Dead Man's Chest* (le titre du 1 était en réalité : *Pirates of the Caribbean : the Curse of the Black Pearl).*

* * *

Tout en entamant cette grande épopée, Johnny Depp avait déjà programmé son avenir professionnel.

Il devait retrouver son ami Benicio Del Toro, ainsi que la vedette montante Josh Harnett, dans *The Rum Diary* qui, comme *Las Vegas Parano*, était tiré d'un roman de Hunter S. Thompson. L'action se déroule dans le Porto Rico des années 50 et mêle amour, trahison et luxure.

Il avait dit oui pour incarner à nouveau un personnage ayant réellement existé, Jean-Dominique Bauby, ex-rédacteur en chef de *Elle* et auteur d'un best-seller, paru en mars 1997, et intitulé *Le Scaphandre et le Papillon* Il y racontait, comment, victime d'un accident cardiovasculaire à quarante-deux ans, il avait réussi à communiquer avec son entourage avec uniquement les battements de sa paupière gauche. Ce fut, d'ailleurs, grâce à ce geste qu'il put dicter lettre par lettre cette autobiographie sortie deux jours avant sa mort…

Ensuite, il était question que Johnny restât proche de la réalité historique en incarnant Gregory David Roberts, un ancien détenu qui, après s'être évadé d'une prison australienne, se retrouve à Bombay où il refait sa vie, rencontre des insurgés afghans et va se battre avec eux contre la Russie. Le projet du film portait le même titre que le roman autobiographique de Roberts, *Shantaram*, un pavé de six cents pages…

Par ailleurs, Johnny Depp se retrouve pendant plusieurs mois au sein d'un combat amical avec Nicolas Cage, le compagnon de ses premiers pas d'acteurs. Tous deux convoitaient le rôle de Johnny Blaze, plus connu par son surnom de Ghost Rider. Ce super héros des écuries Marvel n'est pas comme les autres, car il a conclu un pacte avec les forces du mal. Habillé de noir et porteur d'une tête de mort enflammée, ce sombre personnage fait corps avec sa moto et, la nuit, se transforme en justicier venant en aide aux plus démunis… Or autant Cage que Depp sont fans de Ghost Rider. Les négociations se prolongèrent mais, au bout du compte, les producteurs optèrent pour Nicolas…

De plus, en 2002, il avait été question que Johnny partage l'affiche avec Brad Pitt pour un film intitulé *The Fountain*, pour lequel les deux stars devaient avoir pour partenaire Cate Blanchett. Mais cette belle idée fut abandonnée.

La quarantaine réussissait pleinement à Johnny Depp. Père de famille et mari comblé, acteur adulé et courtisé, il avait réussi à préserver sa vie, ses choix dans la jungle hollywoodienne sans jamais faire aucune concession. Lui que l'on considérait comme un marginal, avait tracé une voie que beaucoup lui enviaient.

« Je me suis juré de ne faire que des choses qui me plairaient. »

Cette phrase, qu'il avait lancée une première fois au lendemain de son départ de *21 Jump Street*, il en avait fait son adage personnel, sa lumière.

« Quel est le lien qui relie tous les films que je fais ? conclut-il. Je ne saurais le définir. Mais je sais qu'il y en a un et qu'il est honnête. »

BIBLIOGRAPHIE

Faye Dunaway: *À la recherche de Gatsby* (Simon & Schuster 1995/Ed. Michel Lafon1996)

Pour l'adaptation française de cet ouvrage, divers magazines ont été consultés:

Ciné Live: juillet 2003

Ciné Revue: 17 octobre 1991, 9 novembre 1991, 24 octobre 1992, 9 février 2002

Elle: 9 octobre 2000

Gala: 31 juillet 1997

Graffiti: juin 1989

Le Journal du dimanche: 6 février 2000

Max: septembre 1990, février 1995

Première: avril 1994, juillet 1995

La Saison cinématographique 1995

Studio: mai 1995, janvier 1996, avril 1997, mai 1997

Télé 7 Jours: 22 décembre 1990, 17 septembre 1992, 5 mars 1994, 9 avril 1994, 28 janvier 1995

Télé Star 27 novembre 1989, 27 novembre 1999

ainsi que le *Petit Livre d'Oliver Stone* écrit par Gilles Boulenger (Le Cinéphage, 1997)

À noter que le magazine français *Studio* consacra quarante pages de son numéro 153 (février 2000) à une présentation complète et passionnante de l'univers de l'acteur et de l'homme intitulée *Johnny Depp par Johnny Depp*.

FILMOGRAPHIE
(CINÉMA)

LES GRIFFES DE LA NUIT
(A Nightmare On Elm Street)
1984 États-Unis.1 h 40
Réalisation : Wes Craven
Avec John Saxon, Charles Fleischer, Ronee Blakley, Heather Langenkamp, Armanda Wyss, Nick Cory, Robert Englund, **Johnny Depp (Glen Lantz)**, Lin Shaye, Joe Unger, Mimi Meyer-Craven, Jack Shea, Ed Call, Sandy Lipton
Sortie États-Unis : 9 novembre 1984
Sortie France : 6 mars 1985

PRIVATE RESORT
1985. États-Unis. 1 h 22
Réalisation : George Bowers
Avec Rob Morrow, **Johnny Depp (Jack),** Hector Elizondo, Dody Goodman, Tony Azito, Emily Longstreet, Karyn O'Brian, Michael Bowen, Hilary Shepard, Leslie Easterbrook, Lisa London, Andrew Dice Clay, Ronald House, Greg Wyne, Nora Gaye
Sortie États-Unis : 3 mai 1985
Sorti en France en vidéo sous le titre *Coup de soleil*

PLATOON
1986. États-Unis. 2 h
Réalisation : Oliver Stone
Avec Tom Berenger, Willem Dafoe, Charlie Sheen, Forrest Whitaker, Francesco Quinn, John C. McGinley, Richard Edson, Kevin Dillon, Reggie Johnson, Keith David, **Johnny Depp (Lerner)**, Mark Moses, Chris Pederson, Corkey Ford, Ivan Kane, Paul Sanchez, Dale Dye, David Neidorf, Mak Moses, Tony Todd
Sortie États-Unis : 19 décembre 1986
Sortie France : 25 mars 1987

CRY BABY
1989. États-Unis. 1 h 25
Réalisation : John Waters
Avec **Johnny Depp (Wade Walker alias Cry Baby**), Amy Locane, Susan Tyrell, Polly Bergen, Iggy Pop, Ricki Lane, Traci Lords, Kim Mc Guire, Darren Burrows, Stephen Mailer, Kim Webb, Allan Wendl, Troy Donahue, Mink Stole, Joe Dallesandro, David Nelson, Patricia Hearst, Willem Dafoe
Sortie États-Unis : 6 avril 1990
Sortie France : 1er août 1990

EDWARD AUX MAINS D'ARGENT
(Edward Scissorhands)
1990. États-Unis. 1 h 47
Réalisation : Tim Burton
Avec **Johnny Depp (Edward)**, Winona Ryder, Dianne Wiest, Anthony Michael Hall, Kathy Baker, Robert Oliveri, Conchata Ferrell, Caroline Aarn, Dick Anthony Williams, O-Lan Jones, Vincent Price, Alan Arkkin, Susan J. Blommaert, Linda Perry, John Davidson, Biff Yeager, Marti Greenberg, Bryan Larkin, John McMahon
Sortie États-Unis : 7 décembre 1990
Sortie France : 10 avril 1991

LA FIN DE FREDDY, L'ULTIME CAUCHEMAR
(Freddy's Dead : The Final Nightmare)
1991. États-Unis. 1 h 29
Réalisation : Rachel Talalay
Avec Robert Englund, Lisa Zane, Shon Greenblatt, Lezlie Deane, Ricky Dean Logan, Breckin Meyer, Yaphet Kotto, Roseanne, Tom Arnold, Elinor Donahue, **Johnny Depp (Oprah Noodlemantra, le jeune homme à la télévision)**, Cassandra Rachel Frel, David Durnard, Marilyn Rockafellow, Virginia Peters
Sortie États-Unis : 13 septembre 1991
Sortie France : 8 janvier 1992

ARIZONA DREAM
1992. États-Unis – France. 2 h 22
Réalisation : Emir Kusturica
Avec Faye Dunaway, **Johnny Depp (Axel Blackmar)**, Jerry Lewis, Lili Taylor, Vincent Gallo, Paulina Porizkova, Michael J. Pollard, Candyce Mason, Alexia Rane, Polly Noonan, Ann Schulman, Patrica O'Grady, James Wilson, Eric Poclzwartek, Kim Keo
Sortie France : 6 janvier 1993
Sortie États-Unis : 9 septembre 1994

BENNY & JOON
1992. États-Unis. 1 h 38
Réalisation : Jeremiah Chechick
Avec **Johnny Depp (Sam)**, Mary Stuart Masterson, Aidan Quinn, Julianne Moore, Oliver Platt, CCH Pounder, Dan Hedaya, Joe Grifasi, William Macy, Liane Alexandra Curtis, Eileen Ryan, Don Hamilton, Irvin Johnson, Waldo Larson, Shane Nilsson
Sortie États-Unis : 16 avril 1993
Sortie France : 21 juillet 1993

GILBERT GRAPE
(What's Eating Gilbert Grape ?)
1993. États-Unis. 1 h 58
Réalisation : Lasse Hallström
Avec **Johnny Depp (Gilbert Grape)**, Leonardo Di Caprio, Juliette Lewis, Mary Steenburgen, Darlene Cates, Laura Harrington, Mary Kate Schellhardt, Kevin Tighe, John Reilly, Crispin Glover, Penelope Branning, Tim Green, Susan Loughran, Robert Hedges, Mark Jordan
Sortie États-Unis : 17 décembre 1993
Sortie France : 6 avril 1994

ED WOOD
1994. États-Unis. 2 h 07
Réalisation : Tim Burton
Avec **Johnny Depp (Ed Wood)**, Martin Landau, Sarah Jessica Parker, Patricia Arquette, Jeffrey Jones, G.D Spradlin, Vincent D'Onofrio, Bill Murray, Mike Starr, Max Casella, Brent Hinkley, Lisa Marie, George Steele, Juliet Landau, Clive Rosengren
Sortie États-Unis : 30 septembre 1994
Sortie France : 21 juin 1995

DON JUAN DE MARCO
1995. États-Unis. 1 h 37
Réalisation : Jeremy Leven
Avec **Johnny Depp (Don Juan)**, Faye Dunaway, Marlon Brando, Géraldine Pailhas, Bob Dishy, Rachel Ticotin, Talisa Soto, Marita Geraghty, Richard Sarafian, Teresa Hughes, Stephen Singer, Franc Luz, Carmen Argenziano, Jo Champa, Esther Scott
Sortie États-Unis : 7 avril 1995
Sortie France : 14 juin 1995

DEAD MAN
1995. États-Unis – Allemagne – Japon. 1 h 55
Réalisation : Jim Jarmusch
Avec **Johnny Depp (William 'Bill' Blake),** Crispin Glover, Gibby Haynes, George Duckworth, Richard Boes, John Hurt, John North, Robert Mitchum, Mili Avital, Peter Schrum, Gabriel Byrne, Lance Henriksen, Michael Wincott, Eugene Byrd, Gary Farmer
Sortie France : 3 janvier 1996
Sortie États-Unis : 10 mai 1996

MEURTRE EN SUSPENS
(Nick of Time)
1995. États-Unis. 1 h 30
Réalisation : John Badham
Avec **Johnny Depp (Gene Watson),** Courtney Chase, Charles Dutton, Christopher Walken, Roma Maffia, Marsha Mason, Pęter Strauss, Gloria Reuben, Bill Smitrovich, G.D Spradlin, Yul Vazquez, Edith Diaz, Armando Ortega, C.J Bau, Cynthena Sanders
Sortie États-Unis : 22 novembre 1995
Sortie France : 26 juin 1996

DONNIE BRASCO
1996. États-Unis. 2 h 07
Réalisation : Mike Newell
Avec Al Pacino, **Johnnie Depp (Donnie Brasco / Joe Pistone)**, Michael Madsen, Bruno Kirby, James Russo, Anne Heche, Zeljko Ivanek, Gerry Becker, Robert Miano, Brian Tarantina, Rocco Sisto, Zach Grenier, Walt MacPherson, Ronnie Farer, Terry Serpico
Sortie États-Unis : 28 février 1997
Sortie France : 19 mars 1997

THE BRAVE
1997. États-Unis. 2 h 03
Réalisation : Johnny Depp
Avec **Johnny Depp (Rafael)**, Marlon Brando, Marshall Bell, Elpidia Carillo, Frederic Forrest, Clarence Williams III, Max Perlich, Luis Guzman, Cody Lightning, Nicole Mancera, Floyd 'Red Crow' Wasterman, Alexis Cruz, Iggy Pop, Chuch Weiss
Sortie France : 30 juillet 1997

LAS VEGAS PARANO
(Fear and Loathing in Las Vegas)
1997. États-Unis. 1 h 58
Réalisation : Terry Gilliam
Avec **Johnny Depp (Raoul Duke)**, Benicio Del Toro, Tobey Maguire, Ellen Barkin, Gary Busey, Christina Ricci, Cameron Diaz, Mark Harmon, Katherine Helmond, Michael Jeter, Penn Jillette, Craig Bierko, Lyle Lovett, Laraine Newman
Sortie États-Unis : 22 mai 1998
Sortie France : 19 août 1998

LA NEUVIÈME PORTE
(The Ninth Gate)
1999. États-Unis – France – Espagne. 2 h 13
Réalisation : Roman Polanski
Avec **Johnny Depp (Dean Corso)**, Frank Langella, Lena Olin, Emmanuelle Seigner, Barbara Jefford, Jack Taylor, José Lopez Rodero, Tomy Amoni, James Russso, Willy Holt, Allen Garfield, Jacques Dacqmine, Joe Sheridan, Rebecca Pauly, Catherine Benguigui
Sortie France : 25 août 1999
Sortie États-Unis : 10 mars 2000

INTRUSION
(The Asronaut's Wife)
1999. États-Unis. 1 h 49
Réalisation : Rand Ravich
Johnny Depp (cdt Spencer Armacost), Charlize Theron, Joe Morton, Cléa Du Vall, Donna Murphy, Nick Cassavetes, Samantha Eggar, Gary Grubbs, Blair Brown, Tom Noonan, Tom O'Brien, Lucy Lin, Michael Crider, Jacob Stein, Timothy Wicker
Sortie États-Unis : 27 août 1999
Sortie France : 17 novembre 1999

SLEEPY HOLLOW
1999. États-Unis. 1 h 45
Réalisation : Tim Burton
Avec **Johnny Depp (Ichabod Crane)**, Christina Ricci, Miranda Richardson, Michael Gambon, Casper Van Diem, Jeffrey Jones, Christopher Lee, Richard Griffiths, Ian McDiarmid, Michael Gough, Marc Pickerking, Lisa Marie, Steven Waddington, Christopher Walken, Claire Skinner
Sortie États-Unis : 19 novembre 1999
Sortie France : 9 février 2000

LES LARMES D'UN HOMME
(The Man Who Cried)
2000. Angleterre – France. 1 h 40
Réalisation : Sally Potter
Avec : Christina Ricci, Cate Blanchett, John Turturro, **Johnny Depp (César)**, Harry Dean Stanton, Oleg Yankovsky, Thom Osborn, Frank Chersky, Daniel Hart, Peter Majer, Ayala Meir, Abraham Hassan, Lloyd Martin, Uri Meir
Sortie France : 7 février 2001
Sortie États-Unis : 25 mai 2001

AVANT LA NUIT
(Before Night Falls)
2000. États-Unis. 2 h 13
Réalisation : Julian Schnabel
Avec Javier Bardem, Olivier Martinez, Andrea Di Stefano, **Johnny Depp (Lt Victor)**, Michael Wincott, Olatz Lopez Garmendia, Giovanni Florido, Lolo Navarro, Sebastian Silva, Carmen Beato, Cy Schnabel, Olmo Schnabel, Vito Maria Schnabel, Pedro Armendariz Jr, Diego Luna
Sortie États-Unis : 22 décembre 2000
Sortie France : 13 juin 2001

CHOCOLAT
2000. États-Unis – Angleterre. 2 h 01
Réalisation : Lasse Hallström
Avec Juliette Binoche, Alfred Molina, **Johnny Depp (Roux)**, Lena Olin, Judi Dench, Carrie-Anne Moss, Aurélien Parent Koenig, Antonio Gil-Martinez, Leslie Caron, Helène Cardona, Harrison Pratt, Gaelan Connell, Ron Cook, John Wood, Dominique MacAvoy, Christiane Gadd
Sortie États-Unis : 15 décembre 2000
Sortie France : 28 février 2001

BLOW
2001. États-Unis. 2 h 04
Réalisation : Ted Demme
Avec **Johnny Depp (George Jung)**, Penelope Cruz, Franka Potente, Rachel Griffiths, Paul Reubens, Jordi Molla, Cliff Curtis, Miguel Sandoval, Ethan Suplee, Ray Liotta, Kevin Gage, Max Perlich, Miguel Perez, Dan Ferro
Sortie États-Unis : 6 avril 2001
Sortie France : 19 septembre 2001

FROM HELL
2001. États-Unis. 2 h 02
Réalisation : Albert et Allen Hughes
Avec **Johnny Depp (inspecteur Fred Abberline)**, Heather Graham, Ian Holm, Robbie Coltrane, Ian Richardson, Jason Flemyng, Katrin Cartlidge, Terence Harvey, Susan Lynch, Paul Rhys, Lesley Sharp, Estelle Skornik, Nicholas McGaughey, Annabelle Apsion, Joanna Page
Sortie États-Unis : 19 octobre 2001
Sortie France : 30 janvier 2002

PIRATES DES CARAÏBES
(Pirates of the Carribean : The Curse of the Black Pearl)
2003. États-Unis. 2 h 23
Réalisation : Gore Verbinski
Avec **Johnny Depp (Jack Sparrow)**, Geoffrey Rush, Orlando Bloom, Keira Knightley, Jack Davenport, Jonathan Pryce, Lee Arenberg, Mackenzie Crook, Damian O'Hare, Giles New, Angus Barnett, David Bailie, Michael Berry, Isaac Singleton, Kevin McNally
Sortie États-Unis : 9 juillet 2003
Sortie France : 13 août 2003

DESPERADO 2
(One Upon A Time In Mexico)
2002. États-Unis – Mexique. 1 h 42
Réalisation : Robert Rodriguez
Avec Antonio Banderas, Salma Hayek, Mickey Rourke, **Johnny Depp (Sands)**, Eva Mendes, Danny Trejo, Enrique Iglesias, Marco Leonardi, Cheech Martin, Ruben Blades, Willem Dafoe, Gerardo Vigil, Pedro Arlendariz Jr, Julio Oscar Mechoso, Tito Larriva
Sortie États-Unis : 12 septembre 2003
Sortie France : 22 octobre 2003

FENÊTRE SECRÈTE
(Secret Window)
2003. États-Unis. 1 h 36
Réalisation : David Koepp
Avec **Johnny Depp (Mort Rainey)**, John Turturro, Maria Bello, Timothy Hutton, Charles Dutton, Len Cariou, Joan Heney, John Dunn-Hill, Vlasta Vrana, Matt Holland, Gillian Ferrabee, Bronwen Marleau, Elizabeth Marleau, Kyle Allatt, Richard Jutras
Sortie États-Unis : 12 mars 2004
Sortie France : 14 avril 2004

NEVERLAND
(Finding Neverland)
2004. États-Unis – Angleterre. 1 h 46
Réalisation : Marc Foster
Avec **Johnny Depp (Sir James Matthew Barrie),** Dustin Hoffman, Julie Christie, Radha Mitchell, Freddie Highmore, Joe Prospero, Nick Roud, Luke Spill, Ian Hart, Kelly Macdonald, Mackenzie Crook, Eileen Essel, Jimmy Gardner, Oliver Fox
Sortie États-Unis : 12 novembre 2004
Sortie France : 23 février 2005

ILS SE MARIÈRENT ET EURENT BEAUCOUP D'ENFANTS
2004. France. 1 h 40
Réalisation : Yvan Attal
Avec Charlotte Gainsbourg, Alain Chabat, Yvan Attal, Alain Cohen, Emmanuelle Seigner, Angie David, Anouk Aimée, Claude Berri, Aurore Clément, Marie-Sophie Wilson-Carr, Stéphanie Murat, Ruben Marx, Kitu Griwani, Keith Allen, Chloé Combret, **Johnny Depp (l'inconnu)**
Sortie France : 25 août 2004

CHARLIE ET LA CHOCOLATERIE
(Charlie and the Chocolate Factory)
2004. États-Unis. 1 h 46
Réalisation : Tim Burton
Avec **Johnny Depp (Willy Wonka)**, Freddie Highmore, Helena Bonham Carter, Christopher Lee, James Fox, Jordan Fry, Dominique Gerrard, Adam Godley, Gatrick Hagon, Depp Roy, Harry Taylor, Noah Taylor, Julia Winter
Sortie France : 13 juillet 2005
Sortie États-Unis : 15 juillet 2005

THE LIBERTINE
2004. Angleterre. 2 h 10
Réalisation : Laurence Dunmore
Avec John Malkovich, **Johnny Depp (John Wilmot)**, Richard Coyle, Rupet Friend, Tom Hollander, Cara Horgan, Shane MacGowan, Maimie McCoy, Samantha Morton, Rosamund Pike, Luke Stuart, Johnny Vegas

PIRATES DES CARAÏBES 2
(Pirates of the Carribean : Dead Man's Chest)
2005. États-Unis.
Réalisation : Gore Verbinski
Avec **Johnny Depp (Jack Sparrow)**, Orlando Bloom, Keira Knightley, Cho-Yun Fat, Naomie Harris, Martin Klebba, Alex Norton, Stellan Skarsgard, Bobby Waldron
Sortie États-Unis : 7 juillet 2006

PIRATES DES CARAÏBES 3
2005. États-Unis.
Réalisation : Gore Verbinski
Avec **Johnny Depp (Jack Sparrow)**, Orlando Bloom, Keira Knightley
Sortie mondiale : été 2007

THE RUM DIARY
2005. États-Unis
Réalisation : Michael Thomas
Avec **Johnny Depp (Paul Kemp)**, Josh Harnett, Benicio Del Toro, Nick Nolte

Johnny Depp a également participé à deux tournages inachevés :

DIVINE RAPTURE
1995. États-Unis – Angleterre
Réalisation : Thom Eberhardt
Avec Marlon Brando, John Hurt, Debra Winger

THE MAN WHO KILLED DON QUIXOTE
2001. États-Unis – France.
Réalisation : Terry Gilliam
Avec Jean Rochefort, Vanessa Paradis

Johnny Depp est également présent dans

I LOVE L.A.
(L.A Without A Map)
1998. Finlande – France – Angleterre
Réalisation : Mika Kaurismaki
Où il ne fait qu'une apparition

THE SOURCE
1999. États-Unis. 1 h 28
Réalisation : Chuck Workman
Où il évoque sa passion pour Jack Kerouac

TÉLÉVISION

LADY BLUE
Épisode *Bêtes de proie (Beasts of Prey)*
Avec Jamie Rose, Danny Aiello, Ron Dean, Bruce A. Young, Ralph Foody, **Johnny Depp (Lionel Viland)**
Diffusé le 10 octobre 1985 aux États-Unis

MORTS EN EAUX TROUBLES
(Slow Burn)
1986. États-Unis. 1 h 28
Réalisation : Matthew Chapman
Avec Eric Roberts, Beverly d'Angelo, Dennis Lipscomb, Henry Gibson, Dan Hedaya, Anne Scheeden, **Johnny Depp (Donnie Fleischer)**

HOTEL
Épisode *Unfinished Business*
Avec James Brolin, Connie Selleca, Nathan Cook, Shari Belafonte, Michael Yama, **Johnny Depp (Rob Cameron)**
Diffusé le 4 février 1987 aux États-Unis

21 JUMP STREET
1987 – 1990
Avec **Johnny Depp (Tom Hanson)**, Holly Robinson, Dustin N'Guyen, Peter de Luise, Frederic Forrest (remplacé par Steven Williams) et Richard Grieco (saison 2)

Johnny Depp participa aux épisodes suivants :

Saison 1 :
Un commissaire comme les autres (21 Jump Street)
Le Rêve américain (America, What A Town)
Pas touche au prof (Don't Pet The Teacher)
Un avenir brillant (My Future's So Bright, I Gotta Wear Shades)
La plus mauvaise soirée de votre vie (The Worst Night of Your Life)
Adieu Jenko (Gotta Finish to Riff)
Mauvaise influence (Bad Influence)
Les Frères La Terreur (Blindsided)
Tel père, tel fils (Next Generation)
Au creux de la vague (Low and Away)
Mannequin à vendre (16 Blown To 35)
Changement de leader (Mean Streets and Pastel Houses)

Saison 2 :
Garde à vue particulière (In the Custody of a Clown)
Tirez sur le dealer (Besieged) (*en deux parties*)
Cas de conscience (Two For The Road)
Une école un peu spéciale (After School Special)
Cours particuliers (Higher Education)
L'arc-en-ciel n'a que sept couleurs (Don't Stretch the Rainbow)
Le Code de l'honneur (Honor Bound)
Une leçon d'humilité (You Ough To Be In Prison)
Le Revers de la médaille (How Much Is That Body In The Window ?)
Noël à Saïgon (Christmas In Saigon)
Debbie (Fear and Loathing With Russell Buckins)
Dernier envol (Big Disease With A Little Name)
La Saint-Valentin (Chapel of Love)
Mort clinique (I'm Okay, You Need York)
Légitime défense (The Convience Killer)
Haute protection (Champagne High)
L'Enfant miraculé (Brother Hanson and the Miracle of Renner's Hand)
Le Sens du devoir (Raisin Marijuana)
L'Attrait de la mort (Best Years of Your Life)
Le Mariage de Corey et Dean (Corey and Dean Got Married)
L'École est finie (School's Out)
Saison 3 :
Agression (Fun With Animals)
Les Rangers (Date With Angel)
La Valeur d'un homme (The Currency, We Trade In)
Le Coach de l'année (Coach of The Year)
Naître ou ne pas naître (Whose Choice Is It Anyway ?)
Une semaine en enfer (Hell Week)
L'Ange et le dragon (The Dragon and the Angel)
Piquet de grève (Blue Flu)
La Zone (Swallowed Alive)
Et l'amour ? (What's About Love)
L'Étranger (Wooly Bullies)
Le Retour de l'abominable Russell Buckins (Return of Russell Buckins)
Le Déserteur (A.W.O.L)
Némésis (Nemesis)
Pères et fils (Fathers and Sons)
Pour l'amour de l'art (High High)
Un toit d'étoiles (Blinded By Thousands Point of Light)
Prochaine victime (Next Victim)
La Guerre des gangs (Loc'd Out) (*en deux parties*)

Saison 4 :

La Voix de la justice (Draw The Line)
Quitte ou double (Say It Ain't So, Pete)
Premier amour (Eternal Flame)
Les Travailleurs de l'ombre (Come From The Shadow)
Désordre et Insécurité (God Is A Bullet)
Le Fantôme de Jump Street (Old Haunts In A New Age)
Défi mortel (Out of Control)
Viol consenti (Stand By Your Man)
Le Crime ne paie pas (Mike's P.O.V)
Gros cubes et gros sous (Wheels and Deals)
Une famille perturbée (Parental Guidance Suggested)
À qui la faute ? (Things We Said Today)
La Journée des clefs (Research and Destroy)
Amours féminines (A Change of Heart)
Nos jeunes années (Back From The Future)
Peine capitale (2245)
Géants avant la lettre (Hi Mom)
Vivent les vacances (Spring Break)
La Bizca
L'École de la dernière chance (Last Chance High)
Invalide mais pas incapable (Unfinished Business)
Un souffle nouveau (A New Breeze Blowing)
Comment j'ai sauvé le sénateur (How I Saved The Senator)
Kidnapping et tendresse (Rounding Third)
C'est Noël toute l'année (Everyday Is Christmas)
Le Chemin des écoliers (Back To School)
Panne d'électricité (Business As Usual)

BOX OFFICE

États-Unis (en dollars) :
Pirates des Caraïbes : 305 413 918
Sleepy Hollow : 101 071 502
Chocolat : 71 509 363
Edward aux mains d'argent : 56 362 352
Desperado 2 : 56 359 780
Blow : 52 990 775
Fenêtre secrète : 48 022 290
Neverland : 42 481 000
Donnie Brasco : 41 909 762
From Hell : 31 602 566
Benny & Joon : 23 261 580
Don Juan de Marco : 22 150 451
La Neuvième Porte : 18 661 336
Las Vegas Parano : 10 680 275
Intrusion : 10 672 566
Gilbert Grape : 10 032 765
Cry-Baby : 8 266 343
Meurtre en suspens : 8 175 346
Ed Wood : 5 887 457
Après la nuit : 4 242 892
Dead Man : 1 037 847
Les Larmes d'un homme : 747 092
Arizona Dream : 112 547

Quelques résultats mondiaux (en dollars) :
Pirates des Caraïbes : 653 913 918
Sleepy Hollow : 206 071 502
Chocolat : 152 699 946
Donnie Brasco : 124 909 762
Desperado 2 : 98 185 582
Fenêtre secrète : 92 913 171
Edward aux mains d'argent : 86 024 005
Blow : 83 282 296
From Hell : 74 558 115
Don Juan de Marco : 68 792 531
La Neuvième Porte : 58 401 898
Intrusion : 19 598 588

TABLE DES MATIÈRES

Tous nos titres et nouveautés
www.editionsfavre.com

Achevé d'imprimer en mars 2005 sur les presses de la SEPEC
Rue de Prony - ZAC des Bruyères - 01960 PERONNAS
Tél : (33) 04 37 62 11 06
Dépôt légal 1er trimestre 2005 - Imprimé en France